David & Carol Sue Merkh

# REFLEXÕES SOBRE A EDUCAÇÃO DE FILHOS

Sabedoria bíblica para alcançar o coração e transformar a trajetória de vida do seu filho

UNITED PRESS
um selo editorial hagnos

Copyright © 2010, 2019 por
David & Carol Sue Merkh

2ª edição: setembro de 2019
2ª reimpressão: janeiro de 2024

REVISÃO
Adriana Barbosa Merkh
Priscila Porcher

CAPA
Douglas Lucas

DIAGRAMAÇÃO
Sonia Peticov

EDITOR
Aldo Menezes

COORDENADOR DE PRODUÇÃO
Mauro Terrengui

IMPRESSÃO E ACABAMENTO
Imprensa da Fé

As opiniões, as interpretações e os conceitos emitidos nesta obra são de responsabilidade dos autores e não refletem necessariamente o ponto de vista da Hagnos.

Todos os direitos desta edição reservados à
EDITORA HAGNOS LTDA.
Rua Geraldo Flausino Gomes, 42, conj. 41
CEP 04575-060 São Paulo, SP
Tel.: (11) 5990-3308

E-mail: hagnos@hagnos.com.br
Home page: www.hagnos.com.br

Editora associada à:

**Dados Internacionais de Catalogação na Publicação (CIP)**
Angélica Ilacqua CRB-8/7057

Merkh, David J.

151 reflexões sobre a educação de filhos: sabedoria bíblica para alcançar o coração e transformar a trajetória de vida do seu filho / David J. Merkh, Carol Sue Merkh. — São Paulo: Hagnos, 2019.

ISBN 978-85-243-0578-8

1. Filhos — Educação cristã  2. Vida Cristã  3. Pais  I. Título  II. Merkh, Carol Sue

19-1569                                            CDD 268:432

Índices para catálogo sistemático:
1. Filhos — Educação cristã — Cristianismo

## Para nossos filhos,

David Jr., Shelly, Juliana,
Daniel, Stephen e Keila,

*herança do Senhor, nosso galardão, flechas enviadas para atingir o coração do mundo.*

# Sumário

*Prefácio* ............................................................................ 11
*Introdução* ....................................................................... 13

1. Bons começos ........................................................... 15
2. Uma grande comissão .............................................. 16
3. A família completa .................................................... 18
4. Uma frente unida ...................................................... 19
5. Um preço a pagar ..................................................... 20
6. O que é teu é meu .................................................... 22
7. Andando com Deus .................................................. 23
8. Compaixão X gozação .............................................. 24
9. Amor ao próximo ...................................................... 25
10. Na presença do vovô ................................................ 27
11. Obediência imediata ................................................. 28
12. Mil gerações de graça .............................................. 29
13. O ponto de partida .................................................... 30
14. Religião ou relacionamento? .................................... 32
15. A Palavra no coração ............................................... 33
16. Comendo juntos ....................................................... 34
17. Andando pelo caminho ............................................. 35
18. "Conta-me uma história!" ......................................... 36
19. Sinal verde ................................................................ 37
20. Amnésia espiritual .................................................... 39
21. Eu e a minha casa .................................................... 41
22. Esqueceram-se de Deus .......................................... 42
23. Discipular e disciplinar .............................................. 44

24. Filhos consagrados .................................................. 46
25. Obediência inteira .................................................. 48
26. O Senhor vê o coração ........................................... 50
27. Sacerdote do lar ..................................................... 52
28. Pacto com os olhos ................................................ 54
29. Passando o bastão ................................................. 56
30. Conflito de gerações? ............................................ 58
31. A TV "convertida" .................................................. 60
32. O legado da fé ....................................................... 62
33. Herança do Senhor ................................................ 64
34. Filhos da mocidade ............................................... 66
35. Flechas do guerreiro .............................................. 67
36. Filhos frutíferos ..................................................... 69
37. O maior *best-seller* ............................................. 70
38. "Faça o que falo..." ................................................ 71
39. Más companhias .................................................... 72
40. Oração familiar ...................................................... 74
41. Decisões acertadas ................................................ 76
42. Orçamento juvenil ................................................. 78
43. Um investimento certo .......................................... 79
44. Livro dos heróis ..................................................... 80
45. Alcançando o coração ........................................... 81
46. O alvo dos pais ...................................................... 82
47. A bela e a fera ....................................................... 83
48. Ouvindo a crítica ................................................... 84
49. Bichos de estimação .............................................. 86
50. Cumprindo promessas ........................................... 87
51. A dor do leproso ................................................... 88
52. A mulher sábia ...................................................... 90
53. Santa bagunça ....................................................... 91
54. A resposta branda ................................................. 92
55. Os olhos do Senhor – e dos pais ........................... 93
56. Vida simples .......................................................... 95
57. A alegria dos pais .................................................. 97

58. O espírito controlado ............................................. 98
59. A coroa do "coroa" ................................................ 100
60. O "dedo-duro" ....................................................... 101
61. Externando o interior ............................................ 102
62. A multa do negligente ........................................... 103
63. Pronto para ouvir .................................................. 104
64. Vida e morte .......................................................... 105
65. Quem acha uma esposa ....................................... 106
66. A esperança da disciplina .................................... 108
67. Impunidade ........................................................... 109
68. O valor real ............................................................ 111
69. Desrespeito e desonra .......................................... 112
70. Conhecido pelas ações ......................................... 114
71. Hora de acordar .................................................... 115
72. O filho e o pai pródigos ........................................ 117
73. Dureza no rosto ..................................................... 118
74. Pais consagrados .................................................. 120
75. O cadarço puxado ................................................. 122
76. Dívida ..................................................................... 123
77. A natureza pecaminosa ........................................ 125
78. O iracundo ............................................................. 127
79. Fiança ..................................................................... 129
80. Tradições familiares ............................................. 131
81. Capricho no serviço .............................................. 132
82. A morte prematura ............................................... 133
83. Andando de bicicleta ............................................ 135
84. O coração da questão ........................................... 136
85. A "galera" ............................................................... 137
86. Pronto para casar .................................................. 138
87. Comunicação direta .............................................. 139
88. Moderação na refeição ......................................... 140
89. Isolando o insensato ............................................. 142
90. Reprimindo a tolice ............................................... 143
91. Sábio aos próprios olhos ...................................... 144

92. "Foi uma brincadeira..." ............................................. 145
93. Amigos de verdade ................................................... 146
94. Autolouvor ................................................................ 148
95. A credibilidade dos pais... e avós ............................ 149
96. Boas maneiras .......................................................... 151
97. Mordomia .................................................................. 154
98. Hipocrisia e transparência ...................................... 155
99. Roubo ........................................................................ 157
100. O coração duro ........................................................ 159
101. Limites ...................................................................... 160
102. O funil da autoridade paterna ................................ 161
103. O banquete real ....................................................... 163
104. O temor aos homens ............................................... 165
105. A voz de louvor ........................................................ 167
106. Votos ......................................................................... 169
107. O velório ................................................................... 171
108. "Odeio você!" ........................................................... 172
109. Amor à primeira vista ............................................. 173
110. Sapo ou príncipe encantado? ................................ 174
111. O jardim fechado ..................................................... 176
112. O jugo da mocidade ................................................ 177
113. Contra a maré .......................................................... 178
114. O melhor para o Senhor ......................................... 180
115. Relacionamentos restaurados ................................ 181
116. Memorização da Palavra ........................................ 183
117. "Estúpido!" ............................................................... 184
118. Relacionamentos acertados ................................... 186
119. Obediência interna .................................................. 187
120. Tempo à parte .......................................................... 189
121. Duas grandes regras ............................................... 191
122. Graça sobre graça ................................................... 193
123. Dúvidas ..................................................................... 195
124. A fuga ....................................................................... 197
125. Ordem no culto ........................................................ 199

| | | |
|---|---|---|
| 126. | Modéstia, ordem e decência | 201 |
| 127. | 1 + 1 > 2 | 203 |
| 128. | Engano | 205 |
| 129. | A mentira | 206 |
| 130. | Buracos negros | 207 |
| 131. | Pais cheios do Espírito | 208 |
| 132. | Um cântico novo | 209 |
| 133. | O guarda-chuva da obediência | 211 |
| 134. | Honra a quem honra | 212 |
| 135. | Vida longa | 214 |
| 136. | Provocando à ira | 215 |
| 137. | A disciplina e admoestação do Senhor | 217 |
| 138. | Medo do escuro | 218 |
| 139. | Pais intercessores | 219 |
| 140. | A habitação da Palavra | 220 |
| 141. | Pais irritados, filhos desanimados | 221 |
| 142. | O "corpo mole" | 223 |
| 143. | "Obrigado!" | 224 |
| 144. | A missão de mãe | 225 |
| 145. | O pai pastor | 227 |
| 146. | Evangelismo no lar | 228 |
| 147. | Junto com os irmãos | 229 |
| 148. | Culto doméstico | 230 |
| 149. | Dons espirituais | 232 |
| 150. | Perdão ou desculpas? | 233 |
| 151. | A maior alegria | 235 |

*Sobre os autores* ............ 237

# Prefácio

A nossa sociedade perdeu o rumo na criação dos filhos. A explosão de livros de autoajuda e psicologia "pop" moderna sugere que os pais estão perdidos, confusos e, em muitos casos, desesperados quanto ao que fazer com seus filhos.

Não queremos acrescentar mais uma voz à confusão. Mas, como pais de seis filhos, hoje com quinze netos e dentro de um contexto brasileiro, queremos responder algumas das muitas perguntas que outros pais (e avós) têm feito sobre como navegar com confiança por campos minados da educação de filhos. Nosso alvo é compartilhar alguns princípios que têm fortalecido nosso lar e o lar dos nossos filhos. Queremos levá-lo de volta ao bom senso bíblico e à autoridade divina para retomar o curso...

Este livro parte de algumas considerações básicas:

1. Nosso alvo principal na educação de nossos filhos é o **coração**, não somente um comportamento visível. Queremos levá-los a ter um relacionamento com Deus por meio de Jesus Cristo.
2. A Bíblia, a Palavra de Deus, tem todas as respostas necessárias para os pais educarem filhos bem-sucedidos, equilibrados, fiéis e felizes. A autoridade bíblica continua tão relevante hoje como era nos dias em que foi estabelecida.
3. A educação de filhos depende tanto do **exemplo** quanto do **ensino** dos pais.

Abriremos o "Manual do Fabricante", a Palavra de Deus, para ouvir uma voz sadia, equilibrada, provada pelo tempo e comprovada pela experiência de milhões de pais. Com base nesses princípios, sugerimos dicas práticas e contextualizadas para vocês não somente sobreviverem à paternidade, mas curtirem seus filhos.

Acima de tudo, querido leitor, queremos lembrá-lo das palavras do salmista: *Se o Senhor não edificar a casa, em vão trabalham os que a edificam* (Salmos 127:1). Jesus disse: *sem mim nada podeis fazer* (João 15:5). Também em Filipenses 4:13 lemos: *tudo posso naquele que me fortalece*. Não adianta tentar pôr em prática todos os princípios e sugestões deste livro se Jesus não for o construtor do seu lar. Seu alto padrão para a educação de filhos revela (para pais e filhos) o quanto precisamos que Ele viva a vida dele através de nós (Gálatas 2:20). Jesus morreu e ressuscitou para que todos os que O abraçam pela fé tenham essa vida e a capacidade para viver a vida cristã, isto é, a vida de Cristo em nós.

Desejamos que sua dependência de Cristo e da Palavra de Deus cresça enquanto você estuda as ideias aqui apresentadas para a educação de filhos.

Nossa gratidão a várias pessoas que ajudaram na elaboração deste texto, especialmente à nossa nora Adriana Barbosa Merkh, pela revisão do texto, e à equipe da Editora Hagnos.

*David J. Merkh*
*Carol Sue Merkh*

# Introdução

Conta-se a história de uma mãe de dois filhos impossíveis de 8 e 10 anos de idade. Ela ficou sabendo que o novo pastor da igreja da esquina estava tendo bastante sucesso com crianças delinquentes. Ela insistiu para que ele falasse com os meninos. O pastor concordou, mas pediu para vê-los separadamente. O filho mais novo teve o primeiro encontro. O pastor, um homem alto, com voz de trovão, perguntou-lhe com severidade: "Onde está Deus?"

O rapaz abriu a boca, mas não conseguiu emitir nenhum som. O pastor repetiu a pergunta num tom ainda mais severo: "Onde está Deus?"

Mais uma vez, o garoto permaneceu sem resposta. Finalmente o pastor levantou ainda mais sua voz e, com o dedo no rosto do garoto, berrou: "Onde está Deus?"

O menino saiu correndo da igreja diretamente para casa e se trancou no quarto. Quando o irmão mais velho o encontrou, perguntou: "O que aconteceu?" O menino, ainda ofegante, respondeu: "Cara, desta vez estamos fritos. Deus sumiu – e eles acham que foi a gente!"

À luz dessa história, temos uma boa e uma má notícia: A boa notícia é que Deus não sumiu! Ele está presente ao seu lado, disposto a equipá-lo para educar seus filhos nos caminhos dele. Deus ainda fala e suas palavras contêm tudo o que precisamos para criar nossa prole de forma sadia e sábia (2Pedro 1:3).

A má notícia é que não há nenhum líder espiritual, psicólogo, *expert*, livro ou conferência que seja capaz de "dar um jeito" em seu filho. Deus chamou **você** para dar esse jeito! O máximo que podemos fazer é apontar a direção certa – Deus e a Bíblia – e sugerir algumas ideias práticas para aplicar os princípios da paternidade.

Como ficará patente, nosso foco vai muito além do comportamento da criança. Nosso alvo é o coração. Neste manual de princípios bíblicos enfatizaremos como os pais são designados por Deus como as principais ferramentas para revelar ao filho a carência do seu coração e apontar para o único capaz de produzir transformação verdadeira – de dentro para fora.

Que Deus os abençoe nesta jornada difícil, mas altamente recompensadora.

A Ele sejam toda glória e honra.

# Bons começos

*Criou Deus, pois, o homem à sua imagem,
à imagem de Deus o criou; homem e mulher os criou.*

GÊNESIS 1:27

Pelo fato de que o homem, sozinho, era incapaz de cumprir os propósitos de Deus, Ele não desejou que o homem permanecesse só. Por isso, depois de o ter criado, Deus disse: *Não é bom que o homem esteja só* (Gênesis 2:18).

Deus criou o homem e a mulher como reflexos de sua imagem, complementos um do outro (Gênesis 2:20). A mulher é auxiliadora idônea, ou seja, o par perfeito para completar o seu marido. Juntos, o casal reproduz mais imagens de Deus – adoradores em espírito e em verdade, multiplicando a glória dele ao redor do globo.

O melhor começo para educar filhos saudáveis e seguros é um casamento saudável e seguro. Nada abala mais o coraçãozinho de uma criança do que a incerteza se mamãe e papai estão bem. Por isso, cultive a amizade conjugal se quiser criar filhos equilibrados! Passem tempo conversando juntos na presença dos seus filhos. Ensinem a eles que papai e mamãe também precisam sair de vez em quando para ter uma noite de namoro só os dois. Tudo isso traz tremenda segurança para os filhos.

E se você está só, como pai ou mãe, deixe muito claro para seus filhos que seu relacionamento com o Criador é prioridade em sua vida. Clame a Ele para lhe dar forças para educar seus filhos sozinho(a).

# Uma grande comissão

*E Deus os abençoou e lhes disse:
Sede fecundos, multiplicai-vos,
enchei a terra e sujeitai-a...*
GÊNESIS 1:28

**P**ara algumas pessoas, as crianças são uma inconveniência, ou pior, uma praga. Mas a primeira menção de "bênção" nas Escrituras refere-se à criação de filhos! A primeira ordem da Bíblia para a raça humana (em ordem bíblica) decreta a procriação de filhos, como imagem de Deus e imagem dos pais (Gênesis 5:1-3). Essa é a primeira forma da "grande comissão"!

Os filhos são uma das maneiras pelas quais *estendemos* o reino de Deus para cantos do mundo que nós, como pais, nunca poderemos alcançar. São flechas enviadas para lugares e tempos que provavelmente nunca conheceremos: *Como flechas na mão do guerreiro, assim os filhos da mocidade. Feliz o homem que enche deles a sua aljava...* (Salmos 127:4,5).

Esse desejo divino de que a terra ficasse cheia da sua glória culminou na ordem de Jesus para levarmos o evangelho até os confins da terra: *Ide, portanto, fazei discípulos de todas as nações...* (Mateus 28:19).

Os filhos são nosso legado, sim. Mas, acima disso, são um legado de Deus para levar sua imagem e seu evangelho até os confins da terra. Por isso, os casais precisam avaliar seriamente diante de Deus seus motivos para ter (ou não ter) filhos. A glória de Deus está em vista, ou o nosso próprio conforto? A expansão do reino, ou o aumento da nossa conta bancária? Louve a Deus por esse privilégio. Leve a sério essa responsabilidade.

# A família completa

*Viu Deus tudo quanto fizera, e eis que era muito bom.*

GÊNESIS 1:31

Deus declarou que seu trabalho criativo era bom no final de cada dia da criação. Mas quando olhou para a coroa da sua obra, o homem e a mulher, exclamou que o que Ele fizera era muito bom. Repare que, nessa hora, ainda não havia filhos no jardim!

Alguns pensam que é necessário ter filhos para constituir uma família. Mas, para Deus, o relacionamento conjugal vem em primeiro lugar e já define a família: um homem e uma mulher que assumiram uma aliança diante dele e dos homens compõem uma família completa – algo que Deus considera de extremo valor e muito bom. Embora a declaração inclua a suposição de que o casal iria multiplicar-se pela geração de novos adoradores de Deus, os filhos, entendemos que o núcleo da família como estabelecida por Deus se concentra no relacionamento marido-esposa, e não pai-filho.

Por isso, protejamos o relacionamento a dois como alicerce sólido sobre o qual acrescentamos novos membros à nossa família. De todas as preocupações que os pais têm na educação dos filhos, talvez a principal deva ser o próprio relacionamento entre papai e mamãe.

# Uma frente unida

*Por isso, deixa o homem pai e mãe e se une à sua mulher, tornando-se os dois uma só carne.*

GÊNESIS 2:24

No casamento, o homem e sua esposa tornam-se "um" em todos os sentidos. Essa complementação perfeita, conforme o plano original, resulta na multiplicação de novas e pequenas imagens de Deus – os filhos!

Mas os filhos também podem representar uma das maiores ameaças à união conjugal se os pais não tomarem cuidado. Os filhos são *experts* em jogar pai contra mãe e mãe contra pai, para conseguir o que mais querem no momento, sem perceber que isso pode resultar no que menos querem – o afastamento dos pais um do outro.

Nada substitui a união (e a unidade) conjugal na criação de filhos. Sempre devemos apresentar uma frente unida diante deles. Áreas de discordância devem ser tratadas à parte.

Por isso, não permita que seus filhos joguem pai contra mãe ou vice-versa. Não discutam questões de disciplina na frente deles. Nunca critique seu cônjuge diante dos filhos, mas espere um momento mais oportuno e particular para lidar com assuntos difíceis.

# Um preço a pagar

*E à mulher disse: Multiplicarei sobremodo
os sofrimentos da tua gravidez;
em meio de dores darás à luz filhos...*

GÊNESIS 3:16a

A serpente injetou o veneno do pecado na raça humana. Como resultado, a multiplicação da imagem de Deus em novos adoradores de Deus (Gênesis 1:28) levaria também à multiplicação da dor nos pais. No fim, produziria a multiplicação de maldade, violência e corrupção na terra (Gênesis 6:1,5). Quando Deus declara que *em meio de dores darás à luz filhos*, Ele não somente se refere ao parto em si, mas a todo o processo de criação dos nossos descendentes. Sofrimento e aflições acompanhariam o processo de "dar à luz filhos" nascidos nas trevas (Efésios 2:1).

A criação de filhos não é para covardes! Constitui uma das frentes da nossa batalha espiritual, pois o inimigo das nossas almas é o primeiro que quer agarrá-los na maternidade do hospital e arrastá-los consigo para o inferno.

A primeira responsabilidade de pais cristãos é levar seus filhos de volta para Deus. O evangelho de salvação e santificação em Cristo Jesus deve ser o centro de todas as nossas atividades como pais.

Resgatar nossos filhos das garras de Satanás exige vigilância 24 horas por dia. Para isso, Deus deixou pai e mãe de plantão!

Mas há um alto preço a pagar. Haverá dor, não somente na gravidez, mas durante a vida toda, até ver a vida de Cristo formada neles (Gálatas 4:19). E este é o nosso alvo principal – *Cristo em [nós], a esperança da glória* (Colossenses 1:27).

# O que é teu é meu

*Disse Caim a Abel, seu irmão: Vamos ao campo.
Estando eles no campo, sucedeu que se levantou
Caim contra Abel, seu irmão, e o matou.*

GÊNESIS 4:8

Não demorou muito para as trágicas consequências do pecado serem sentidas na família. Um dos primeiros resultados do pecado de Adão e Eva foi a rivalidade entre seus filhos, Caim e Abel. Uma geração depois da entrada do pecado, já temos o assassinato de um homem pelo seu próprio irmão. Como o pecado se espalha rapidamente!

No final, o bote da serpente deu em morte. Quando Abel morreu, o coração dos pais deve ter desfalecido também. Mal haviam imaginado que o decreto de disciplina divina dado para mamãe Eva, *Multiplicarei sobremodo os sofrimentos* (Gênesis 3:16), resultaria na perda de dois filhos no mesmo dia, quando Caim matou seu irmão e logo em seguida foi exilado por Deus. Quanta tristeza Adão e Eva devem ter sentido ao reconhecer que foi o pecado deles que introduziu a morte no mundo!

A resposta para atritos entre irmãos não é garantir que recebam tudo igual (impossível e irreal num mundo injusto), mas é moldar o coração do filho para se alegrar com as vitórias de seu irmão. Somente o novo nascimento em Cristo pode produzir esse tipo de vida abnegada. Mas os pais podem manter esse alto padrão como o primeiro passo para mostrar aos filhos a natureza egoísta do seu coração e então levá-los até Cristo.

# Andando com Deus

*Andou Enoque com Deus; e, depois que gerou a Metusalém, viveu trezentos anos; e teve filhos e filhas.*

GÊNESIS 5:22

Enoque e Elias são os únicos homens na Bíblia que escaparam da morte, pois Deus os tomou para si. Enoque começou a andar com Deus no ano em que seu filho Metusalém nasceu. A tradução literal do texto diz, *Andou Enoque com Deus, DEPOIS QUE GEROU A METUSALÉM, trezentos anos* (Gênesis 5:22).

A vida de Enoque serve como exemplo de paternidade. Em meio aos ciclos viciosos de pessoas que nasceram, geraram filhos e filhas, viveram tantos anos e morreram, Enoque andou com Deus. Rompeu com a rotina de vida monótona debaixo do sol para experimentar um retorno ao paraíso – um andar na presença de Deus.

Apesar das nuvens de morte que pairaram sobre nosso mundo (Gênesis 5:4-20), brilhou esse raio de esperança que também nos motiva como pais. Podemos subir acima da mediocridade para exemplificar para nossos filhos uma vida abundante (João 10:10) vivida na presença de Deus.

Não precisamos nos resignar a um ciclo vicioso de nascer, crescer, gerar filhos e morrer. Como Enoque, podemos andar com Deus, vivendo em sua presença uma vida significativa, em comunhão com Ele. A responsabilidade de criar filhos deve motivar os pais a buscarem a Deus – voltar à igreja, ser mais fiel na leitura da Bíblia, clamar a Deus por sabedoria, andar com Deus.

# Compaixão X gozação

*Não amaldiçoarás o surdo, nem porás tropeço diante do cego; mas temerás o teu Deus. Eu sou o Senhor.*

LEVÍTICO 19:14

As crianças, como os adultos, podem ser muito cruéis. Gozações, ridicularizações, comentários negativos sobre o corpo, a aparência, a fala, a família ou deficiências reais ou imaginadas podem machucar a pessoa profundamente, criando cicatrizes difíceis de sarar. Também podem afastar pessoas da igreja e do evangelho – uma consequência com repercussões eternas.

Ensine seus filhos a terem compaixão pelas pessoas que têm necessidades especiais ou que são menos privilegiadas. Ajude os pequenos a não terem medo daqueles que, à primeira vista, parecem ser diferentes. Encoraje os seus filhos a conhecerem mais de perto essas pessoas, conversando com elas e não as desprezando.

Como família, criem o hábito de servir pessoas com deficiências. Em vez de fugir delas (como muitos fazem, por desconhecimento e medo), procurem-nas, não com atitudes paternalistas ou condescendência, mas com cumprimentos genuínos.

Piadas ou brincadeiras cruéis devem ser severamente repreendidas como afronta direta a Deus, conforme o versículo acima.

# Amor ao próximo

> ... *amarás o teu próximo como a ti mesmo.*
> *Eu sou o Senhor.*
> Levítico 19:18b

O amor ao próximo distingue o seguidor de Cristo, ou seja, o cristão, de pessoas do mundo. Jesus *não veio para ser servido, mas para servir* (Marcos 10:45). A mais clara evidência de uma vida genuinamente cristã é o amor e serviço ao próximo, de forma abnegada e "outrocêntrica".

A Bíblia presume que amaremos a nós mesmos. O problema é que pensamos tanto em nós que nos esquecemos do nosso próximo, que é uma pessoa preciosa para Deus. Os pais têm a responsabilidade de ensinar os filhos a pensar na pessoa que vem ATRÁS deles. Esse "outrocentrismo" reflete o que o apóstolo Paulo diz em Filipenses 2:3: *Nada façais por partidarismo ou vanglória, mas por humildade, considerando cada um os outros superiores a si mesmo.*

Como pais, podemos ensinar este alto padrão – a vida de Cristo em nós – pelo exemplo. Esta é a "regra áurea": fazermos aos outros o que gostaríamos que fizessem conosco (Mateus 7:12).

Exemplificamos essa preocupação com os outros de muitas maneiras: não brigando pelo último espaço no estacionamento; deixando o maior pedaço de bolo ou fatia de pizza para o outro; pedindo perdão em vez de se justificar; deixando os lugares que frequentamos mais limpos do que quando chegamos; repondo a água na geladeira ou o rolo de papel higiênico quando acabam. Essas atitudes falam bem mais alto que meras palavras.

# Na presença do vovô

> *Diante das cãs* [cabelos brancos] *te levantarás, e honrarás a presença do ancião, e temerás o teu Deus. Eu sou o Senhor.*
>
> Levítico 19:32

A cena se repete muito nos dias atuais. Os avós chegam para fazer uma visita; os netos, cada um com seu celular ou *tablet*, mal tiram os olhos do seu *game* para cumprimentar os velhos. Além da tristeza que produz nos avós, mostra um desrespeito e desvalorização daquilo que a Palavra de Deus honra: idade e experiência de vida. A cena revela um coração que valoriza desproporcionalmente *coisas* acima de *pessoas*. Sobretudo, descortina um coração egoísta.

Levantar-se na presença de uma pessoa mais velha mostra respeito em quase todas as sociedades. Por isso, ensine seus filhos a parar o que estão fazendo (*videogame*, TV, computador etc.) para se levantar e cumprimentar, com respeito e paciência, o vovô, a vovó e outros adultos quando entrarem na sala.

Os pais também devem exemplificar a mesma educação na maneira como recebem e tratam seus pais e pessoas idosas. Essas atitudes irão longe na transmissão de princípios de respeito à autoridade – que, no fim, refletem respeito para com o próprio Deus.

# Obediência imediata

*[Porque] me puseram à prova já dez vezes e não obedeceram à minha voz, nenhum deles verá a terra que, com juramento, prometi...*

NÚMEROS 14:22,23

Os pais não devem se contentar com uma suposta "obediência" do filho que vem só depois de três berros, um chinelo na mão, a contagem até dez ou outras ameaças. O padrão divino exige obediência imediata, sem chantagens, ameaças, gritarias ou negociações.

Quando Deus tratou com o povo de Israel para entrar na Terra Prometida, não deu múltiplas chances nem fez ameaças vazias. Deu ordens claras que não foram obedecidas e, por isso, levaram à disciplina. Deus não aceita obediência atrasada, que no fundo é desobediência.

Manter esse alto padrão inevitavelmente resultará no que os puritanos chamavam de "santa frustração" por parte dos filhos, que, sem Cristo, estão impossibilitados de atingi-lo sempre. Mas faz parte do processo de expor para eles seu coração pecaminoso e levá-los até a cruz de Cristo.

Os pais devem manter este mesmo padrão divino na criação de seus filhos. Exija obediência imediata depois de falar uma única vez, em tom normal de voz, ciente da importância de conduzir seu filho no caminho do Senhor.

# Mil gerações de graça

*Faço misericórdia até mil gerações daqueles que me amam e guardam os meus mandamentos.*

DEUTERONÔMIO 5:10

Muitos hoje em dia têm medo da chamada "maldição de família". Mas a Palavra de Deus enfatiza o efeito renovador da graça de Deus muito acima de qualquer exorcismo de fantasmas do passado que estejam pairando sobre o presente. Essa graça de Deus rompe os laços do passado e inicia novos legados de fé que podem durar *até mil gerações*. A geração bíblica tinha entre 20 e 40 anos, o que significa que a graça de Deus dura, figurativamente, entre 20 e 40 mil anos! Ou seja, *onde abundou o pecado, superabundou a graça* (Romanos 5:20).

Os pais precisam ficar cientes de como o pecado em seu próprio passado pode ainda influenciar a criação dos filhos hoje. Promiscuidade, vícios, hábitos de ira e mágoas precisam ser confessados e deixados para não prejudicar a criação da nova geração (Provérbios 28:13).

Pais, não se preocupem tanto em desenterrar os pecados de gerações passadas; trabalhem no presente para passar um legado de fé para o futuro de sua família. Acompanhem seus filhos à igreja, ensinem sobre a Palavra em casa, orem com eles antes de dormir, provoquem conversas sobre valores eternos, compartilhem as vitórias e os milagres que Deus tem dado a vocês!

# O ponto de partida

*Amarás, pois, o S*ENHOR*, teu Deus,
de todo o teu coração, de toda a tua
alma e de toda a tua força.*

DEUTERONÔMIO 6:5

Uma pesquisa sobre o sucesso dos pais na transmissão de seus valores aos filhos classificou os pais em termos de dois eixos: seu grau de demonstrações de amor e de autoridade. Relacionou os resultados com a disposição dos filhos em seguir o exemplo e estilo de vida dos pais. O estudo classificou os pais como "Negligentes" (baixos em amor e baixos em autoridade); "Permissivos" (altos em amor, baixos em autoridade); "Autoritários" (baixos em amor, altos em autoridade); e "De Autoridade" (altos em amor e altos em autoridade).

A pesquisa constatou que os piores pais foram aqueles autoritários, que simplesmente mandavam em seus filhos sem ter um relacionamento carinhoso com eles. Os melhores foram aqueles que tinham autoridade e insistiam na obediência em um contexto de carinho e afeição. É interessante que os pais permissivos ficaram em segundo lugar na transmissão dos seus valores aos filhos.

Nada disso deve surpreender o pai cristão. O apóstolo Paulo ecoa essa ideia quando diz: *E vós, pais, não provoqueis vossos filhos à ira, mas criai-os na disciplina e na admoestação do Senhor* (Efésios 6:4).

Nosso Pai celeste quer um relacionamento assim com todos nós, a começar pelos pais, que devem amar a Deus de todo o coração. Pais, como está o relacionamento de vocês com o Pai do céu, para que possam transmitir sua fé aos seus filhos?

# Religião ou relacionamento?

*Amarás, pois, o Senhor, teu Deus, de todo o teu coração, de toda a tua alma e de toda a tua força.*

DEUTERONÔMIO 6:5

O que melhor caracteriza sua interação com Deus: religião ou relacionamento? Assim como pais com seus filhos, Deus deseja intimidade conosco acima de obediência superficial.

Não caia no erro de pensar que seu filho foi bem criado só porque talvez consiga cumprir a maioria das regras que você estabeleceu em casa. A mera religião procura satisfazer a lei, mas tem um vácuo de relacionamento.

Deus poderia ter criado máquinas para obedecer-Lhe; mas preferiu fazer gente, filhos que teriam a capacidade de amá-Lo de todo o coração. E este continua sendo nosso alvo na criação dos filhos – que tenham um relacionamento íntimo com o Criador por meio de Jesus Cristo. Que tenham um vislumbre da glória de Deus para se tornarem adoradores de Deus.

Para isso, nós, como pais, precisamos amar a Deus de todo o coração, mesmo acima do amor que temos por nossos filhos, assim como Abraão (veja Gênesis 22). Esse amor por Deus se manifesta principalmente pela transmissão séria da sua Palavra aos filhos (Deuteronômio 6:6-9), algo que consideraremos nas próximas reflexões.

# A Palavra no coração

> *Amarás, pois, o SENHOR, teu Deus [...]. Estas palavras que, hoje, te ordeno estarão no teu coração.*
>
> DEUTERONÔMIO 6:5,6

Quando estamos namorando, supervalorizamos cada palavra das mensagens de amor que recebemos. Mas, será que fazemos isso com a "carta de amor" que Deus escreveu para nós? A Bíblia representa as palavras vivas de um Deus de amor que nos ama tanto que não quer que fiquemos ao léu nesta vida. As palavras dele constituem a nossa vida (Deuteronômio 32:47) e a vida dos nossos filhos!

Por isso, o pai que ama a Deus de todo o coração transmite sua fé à próxima geração. Esse pai não fica apavorado com aquelas perguntas difíceis que seus filhos fazem: "O que Deus fazia antes de criar o mundo? Os animais vão para o céu? Se Deus está em todo lugar, como ele pode *voltar* à terra?" Talvez não consiga responder tudo, mas pelo menos sabe onde encontrar as respostas.

Se seu conhecimento de Deus e da sua Palavra deixa a desejar, procure uma boa Bíblia de Estudos, faça uma leitura bíblica diária ou matricule-se num curso bíblico ou nos estudos da escola bíblica dominical. Ame as palavras dessa carta de amor e repasse-as aos seus filhos.

# Comendo juntos

*Estas palavras [...] tu as inculcarás a teus filhos,
e delas falarás assentado em tua casa...*

DEUTERONÔMIO 6:6,7a

A receita bíblica para a educação de filhos inclui pelo menos três elementos fundamentais: a Palavra de Deus, a disposição dos pais e o tempo junto com os filhos. Se você fosse avaliado em cada área, qual seria a mais difícil?

Os pais que amam a Deus *inculcam* a Palavra de Deus aos filhos. A palavra "inculcar" sugere uma prática repetitiva, como, por exemplo, uma flecha repetidamente afiada para penetrar o coração da caça. Como dizem, "a repetição é a mãe da aprendizagem".

Os pais que começam cedo na vida a inculcar a Palavra no coração dos filhos – de formas criativas, agradáveis, simples e breves – repassam uma fé inabalável aos seus descendentes.

Você conhece a Palavra de Deus e está disposto(a) a ensiná-la a seus filhos? Para muitos, achar tempo juntos se constitui a maior dificuldade. O corre-corre dos nossos dias praticamente anula o tempo que passamos juntos em casa.

Um desafio: restaure pelo menos uma parte desse tempo nas refeições familiares. Desligue a TV, guarde os celulares, junte a família, evite conflitos ou discussões e aproveite alguns momentos para orarem juntos, avaliem eventos do dia ou da semana e leiam um texto da Bíblia.

# Andando pelo caminho

*Estas palavras [...] delas falarás [...] andando pelo caminho...*
Deuteronômio 6:6,7b

Muitos pais se consideram meros motoristas dos filhos, levando-os para a escola, para o treino de futebol, para a aula de teclado, à igreja, ao *shopping*, ao médico, à casa do amigo. Infelizmente, poucos aproveitam esses momentos aparentemente perdidos para investir em alvos eternos.

Seja muito mais que o *chauffeur* de seu filho – seja um verdadeiro companheiro de viagem e guia, com muito para ensinar! Não olhe para esses momentos como tempo perdido, mas como oportunidades para inculcar valores eternos, lições práticas e, acima de tudo, compartilhar uma perspectiva de vida que vem da Palavra de Deus.

Aproveite esses momentos para comentar sobre notícias atuais, sempre promovendo uma cosmovisão bíblica; escutar músicas evangélicas com boa doutrina; avaliar outras não tão saudáveis; observar a vida e interagir sobre o que vê, desde *outdoors*, propaganda com ofertas "imperdíveis", pessoas carentes e mais.

Evite a tendência de simplesmente lecionar para seu filho; dialogue com ele, fazendo perguntas abertas sobre valores e atitudes.

Finalmente, programe momentos na rotina familiar para esse tipo de diálogo na natureza, não só no carro. Crie o hábito de fazer caminhadas pela vizinhança, no parque, na serra, na praia. Além de ser benéfico para sua saúde física, fará grande diferença na saúde espiritual de toda a família.

# "Conta-me uma história!"

*Estas palavras [...] delas falarás [...]
ao deitar-te, e ao levantar-te.*

DEUTERONÔMIO 6:6,7C

Muitos pesquisadores entendem que os primeiros e últimos momentos do dia são os mais ensináveis na vida do filho. A Palavra de Deus também nos encoraja a aproveitar a hora de dormir e a hora de acordar para inculcar princípios bíblicos na mente e no coração.

Quantos pais cansam da rotina noturna em que seu filho tenta protelar a hora cruel de ir para a cama: "Preciso ir ao banheiro... Posso beber água?... Estou com medo... Pai, conte uma história?" Em vez de ficar irritado, que tal tirar proveito dessa realidade quase universal?

A Palavra de Deus nos encoraja a aproveitar ao máximo esses tempos preciosos no início e no final do dia, quando a janela da alma do seu filho está um pouco mais aberta. Que oportunidade para lhe contar histórias bíblicas e pessoais, cantar sua música predileta, ensiná-lo a orar e gravar lições na sua mente que serão ensaiadas a noite toda enquanto ele dorme!

O início do dia também fornece a oportunidade de orar com o filho e compartilhar uma reflexão bíblica objetiva antes de ir para a escola ou começar seu dia. Sugerimos a leitura de um ou dois provérbios bíblicos (Provérbios 10–31) seguida por uma oração de consagração do dia.

# Sinal verde

*Estas palavras [...] também as atarás como sinal na tua mão, e te serão por frontal entre os olhos. E as escreverás nos umbrais de tua casa e nas tuas portas.*

DEUTERONÔMIO 6:6,8,9

O que seu filho tem nas paredes do quarto dele? Quem são seus heróis? São dignos de confiança para serem seguidos? Transmitem valores que agradam a Deus? Parte da educação dos nossos filhos inclui um cuidado especial com os "sinais" que veem todos os dias, símbolos que representam os valores mais importantes em sua vida.

Sinais são símbolos que despertam a memória. A ideia de amarrar ou gravar as palavras e os princípios da sabedoria é recorrente no Antigo Testamento (veja Êxodo 13:9,16; Provérbios 3:3; 6:21; 7:3). Os pais são encorajados a empregar memoriais, ou seja, lembranças concretas da graça e fidelidade de Deus, para ensinar seus filhos.

Os judeus interpretavam esse texto literalmente, adotando o uso de caixinhas contendo cópias da Palavra de Deus, especialmente o texto de Deuteronômio 6:4 e os Dez Mandamentos (filactérios e mezuzás). Mas, infelizmente, muitas vezes esqueceram o espírito por trás da ordem.

A Palavra na mão (ou antebraço, como é mais provável aqui) serve como símbolo de tudo que faço. A Palavra que cerca nossas famílias deve determinar o que fazemos e não fazemos.

A verdadeira sabedoria significa adquirir a perspectiva de Deus sobre tudo que acontece e depois obedecer à sua vontade.

A Palavra entre os olhos representa tudo o que vejo e o que penso, assim como Jesus identificou os olhos como *a lâmpada do corpo* (Mateus 6:22,23). A Palavra escrita nos umbrais (da casa) e nas portas (provavelmente portões da cidade) representa todos os lugares para onde vamos. Nossa fé se manifesta não somente em casa, mas na comunidade também!

Para os pais, um "sinal vermelho" deve acender quando esses símbolos contradizem tudo o que valorizamos. Procure substituí-los por "sinais verdes", com cartazes e *posters* que lembrem textos da Palavra de Deus de forma atraente e criativa.

# Amnésia espiritual

*Guarda-te, para que não esqueças o SENHOR...*
DEUTERONÔMIO 6:12

Quem já sofreu de amnésia sabe da sensação estranha que acompanha a perda de memória parcial ou total de um período de sua vida, como se ele nunca tivesse acontecido. Que tragédia! Contudo, uma tragédia ainda maior persegue inúmeras famílias cristãs. Acreditando-se vencedoras, descobrem que estão prestes a perder a batalha pela preservação da lembrança mais preciosa do seu legado. A amnésia espiritual apaga das nossas mentes a lembrança de Deus.

As pessoas naturalmente se esquecem do Senhor. O vírus da prosperidade amortece os sentidos e provoca a amnésia espiritual. A maior ameaça desta enfermidade é a sutileza com que contamina.

Como pais, deveríamos ficar profundamente sensibilizados e preocupados diante da possibilidade de repetir o erro de Israel, que realmente falhou na transmissão da sua fé à próxima geração (veja Juízes 2:10). Se os filhos daqueles que tiveram tantas experiências marcantes com Deus esqueceram-se dele, como escaparão os nossos filhos? Como alcançaremos vitória sobre a amnésia espiritual?

Deus receita doses repetidas da graça e da provisão dele na vida real dos pais. Há duas maneiras práticas de vacinar nossos filhos contra essa amnésia: pela leitura diária da Palavra de Deus e contando as histórias da fidelidade de Deus em nossa própria vida. Procure ser criativo e tenha o propósito de administrar diariamente essa vacina contra o esquecimento de Deus.

# Eu e a minha casa

> ... escolhei, hoje, a quem sirvais [...].
> Eu e a minha casa serviremos ao SENHOR.
>
> JOSUÉ 24:15

Há cada vez menos tolerância em nossa sociedade para com aqueles que realmente querem servir a Deus – que afirmam uma distinção entre o certo e o errado. Ironicamente, no mundo chamado pós-moderno, aqueles que pregam tolerância são menos tolerantes com quem eles julgam intolerante!

A escolha entre Deus e o mundo custa cada vez mais caro – na escola, no serviço, na sociedade e especialmente nas universidades. Mesmo que no Brasil ainda não seja comum uma perseguição direta, aproxima-se o dia em que decisões difíceis terão que ser tomadas por nós e nossos filhos e poderão resultar, sim, em perseguição.

E a sua família, já decidiu? Servirá ao Deus verdadeiro ou servirá ao "deus" do dinheiro, das posses materiais, do prestígio, do *status*, da fama, da aceitação diante da sociedade?

A decisão pode ser tão simples como deixar de assistir um programa que não presta. Outras vezes pode custar mais caro, como relatar toda a verdade na declaração anual do imposto de renda, ou recusar uma promoção ou emprego que implicará muito tempo longe da família. Escolha hoje a quem vão servir... eu e a minha família já escolhemos servir a Deus!

# Esqueceram-se de Deus

> *Foi também congregada a seus pais toda aquela geração [do Êxodo]; e outra geração após eles se levantou, que não conhecia o SENHOR, nem tampouco as obras que fizera a Israel. Então, fizeram os filhos de Israel o que era mau perante o SENHOR...*
>
> JUÍZES 2:10,11

Em seu discurso de despedida, Josué, grande líder e conquistador da Terra Prometida, havia desafiado o povo de Israel a ser fiel ao seu único Deus. Mesmo tendo pouquíssimo tempo ainda para viver e servir a Deus, Josué deixou um exemplo de fidelidade e dedicação quando declarou: *Eu e a minha casa serviremos ao SENHOR* (Josué 24:15). Essa sua resolução como líder da própria família e líder do povo de Deus teve um impacto tremendo e de imediato em todos, que também afirmaram sua intenção de servir a Deus até o fim: *nós também serviremos ao SENHOR, pois ele é o nosso Deus* (Josué 24:18).

Infelizmente, o livro de Juízes revela a falha da nação em cumprir sua palavra. Quando se levantou uma nova geração que não conhecia o SENHOR, nem tampouco as obras que fizera a Israel (Juízes 2:10), começaram os ciclos infames de pecado, escravidão, desespero (arrependimento) e livramento, numa espiral decadente.

A narrativa põe em relevo o fracasso das famílias da aliança, que serviam como espelho da nação: *não havia rei em Israel;*

*cada um fazia o que achava mais reto* (Juízes 17:6; 18:1; 19:1; 21:25). As histórias de Gideão (6:1–8:32), Jefté (10:6–12:7) e Sansão (Juízes 13–16) ilustram a confusão que resulta quando os pais falham no exemplo moral, na transmissão da fé, no jugo desigual e na imoralidade. Caos nacional é o fruto podre de rebeldia, sensualidade, mundanismo e jugo desigual da parte dos filhos. A falha da família inevitavelmente afeta a nação.

# Discipular e disciplinar

> ... *o menino* [Samuel] *ficou servindo ao* SENHOR, *perante o sacerdote Eli. Eram, porém, os filhos de Eli filhos de Belial* [indignos] *e não se importavam com o* SENHOR.
>
> 1SAMUEL 2:11,12

A responsabilidade dos pais na educação dos filhos é dupla: **discipular** (colocá-los nos caminhos do Senhor) e **disciplinar** (fazê-los retornar ao caminho quando se desviam dele). Discipular sem disciplinar significa transmitir uma mensagem enganosa – que o ensino é só "da boca pra fora" e talvez hipócrita. A ausência de disciplina esvazia o discipulado do seu vigor. Disciplinar sem discipular (ou seja, corrigir o que não foi instruído) provoca o filho à ira e facilmente o leva à rebeldia.

A transmissão viva de uma fé viva para a próxima geração exige equilíbrio entre os dois elementos, lembrando sempre que chega a hora em que os filhos têm que decidir a quem seguirão.

A história trágica de Eli sublinha como os pais precisam amar a Deus acima de tudo mais, a ponto de nutrir e disciplinar seus próprios filhos. Eli falhou na tarefa de conduzir os filhos ao Senhor (1Samuel 2:12), por não discipliná-los (veja Provérbios 22:15) quando suas vidas profanas poluíram o santuário do Senhor e seus adoradores (1Samuel 2:22-25; 3:13). Pelo fato de que Eli temia mais os seus filhos do que a Jeová (1Samuel 2:29), permitindo que eles profanassem o tabernáculo, o julgamento de Deus caiu sobre toda a sua família.

Eli (1Samuel 2:12,17,22-25,29; 3:12,13), Samuel (1Samuel 8:1-5) e Davi (2Samuel 13–14) falharam na disciplina dos filhos e sofreram consequências catastróficas em suas próprias famílias: Eli e seus filhos morreram e perderam o privilégio do sacerdócio dentro de algumas gerações. Samuel acabou sendo o último juiz de Israel quando o povo rejeitou seus filhos como juízes e pediu um rei, justamente por causa do mau testemunho dos seus filhos (1Samuel 8:3,5). Davi perdeu dois filhos, Amnom e Absalão, pela sua falha em exercer disciplina paterna na hora certa (2Samuel 13–14). Seria difícil encontrar uma sequência de narrativas mais forte para ilustrar o que lemos em Provérbios 19:18,19: *Castiga a teu filho, enquanto há esperança [...]. Homem de grande ira tem de sofrer o dano; porque, se tu o livrares, virás ainda a fazê-lo de novo.*

# Filhos consagrados

*Havendo-o desmamado,* [Ana] *levou-o* [Samuel] *consigo* [...]
*e o apresentou à Casa do Senhor* [...]. *E disse ela:* [...]
*Por este menino orava eu; e o Senhor me concedeu a petição
que eu lhe fizera. Pelo que também o trago como devolvido
ao Senhor, por todos os dias que viver...*

1Samuel 1:24,26-28

Ana fez o que todos os pais piedosos devem fazer – entregar seus filhos a Deus para seu uso exclusivo. Os votos de Ana são semelhantes aos votos de nazireu, conforme descritos em Números 6:1-8, e semelhantes ao que os pais de Sansão fizeram quando o dedicaram ao Senhor (Juízes 13:2-5). O foco está numa vida totalmente entregue (separada) para Deus.

Algo que impressiona no texto é como uma mulher piedosa como Ana podia entregar seu filho aos cuidados de um sacerdote-pai fracassado como Eli. Observamos esse contraste entre Ana e Eli logo no início da narrativa, quando ela, a mulher estéril, ora intensamente no próprio tabernáculo (1Samuel 1:9-11,15,16), mas o sacerdote insensível que a observa não consegue distinguir entre uma mulher piedosa e uma mulher bêbada (1Samuel 1:12-14).

Mais tarde o texto o repudia pela sua falha como pai, por não conseguir controlar seus próprios filhos promíscuos e profanos (1Samuel 2:17,22-25,29-31; 3:12,13). Mas, acima de tudo,

46  151 Reflexões sobre a educação de filhos

Ana não entregou Samuel para Eli, e sim para Deus (cf. Levítico 27:1-8; Números 30:1-8).

Essa história nos lembra dos pais de Moisés, Anrão e Joquebede (Números 26:59), que conseguiram salvar a vida do libertador de Israel, escondendo-o debaixo do nariz da filha de Faraó. Os poucos anos que tiveram Moisés sob seus cuidados foram suficientes para criar nele uma identidade e identificação forte com seu povo (Hebreus 11:23-29).

Ana e Elcana tiveram poucos anos (talvez três) até que o pequeno Samuel fosse desmamado e entregue a Eli em cumprimento dos votos assumidos. Mas aqueles anos também foram suficientes para criar nele uma fé forte que contrastava com a corrupção dos filhos de Eli e que o qualificava como sacerdote em Israel.

A história nos ensina uma lição importante sobre o impacto que pais piedosos podem ter na vida de filhos a partir dos primeiros momentos de sua vida. Essa formação fundamental acompanha os filhos mesmo em ambientes hostis. No caso do pequeno Samuel, foi o lar de Eli com seus filhos perversos. No caso dos nossos filhos, muitas vezes é a escola onde estudam, o bairro onde moram e, infelizmente, às vezes, a própria igreja onde a família congrega.

É possível aproveitar os primeiros anos de vida dos filhos de tal forma que eles mostrem convicção e coragem mesmo em face de grande oposição. José e Daniel são outros exemplos de jovens convictos e piedosos.

# Obediência inteira

> *Tem, porventura, o Senhor tanto prazer em holocaustos e sacrifícios quanto em que se obedeça à sua Palavra? Eis que o obedecer é melhor do que o sacrificar [...]. Porque a rebelião é como o pecado de feitiçaria...*
>
> 1Samuel 15:22,23

"Guarde todos os brinquedos... Coma tudo o que está no prato... Leve o lixo para fora... Limpe seu tênis antes de entrar em casa!"

Estas são ordens típicas em uma família normal. Nem sempre são obedecidas de forma integral. Infelizmente, muitos pais se contentam com obediência parcial – a maioria dos brinquedos, dois terços do que está no prato, boa parte do lixo e quase toda a lama no tênis.

Parece algo simples, mas esses pais sutilmente ensinam um padrão de obediência muito abaixo do que Deus exige, o que acaba ofuscando a natureza e necessidade do coração do filho. Ao baixar o padrão, criam filhos sábios aos seus próprios olhos (Provérbios 3:7), que acham que estão atingindo o padrão e por isso não precisam de Jesus.

Os pais não devem se contentar com obediência parcial, com negociações ou deslizes, em que a obediência inteira não é praticada. Para Deus, 95% de obediência é igual a 100% de desobediência, isto é, desobediência total.

Quando você der uma ordem ao seu filho, insista para que seja cumprida totalmente. Se você se precipitar e der uma ordem indevida, não tenha medo de voltar atrás, mas deixe claro que o padrão continua sendo a obediência imediata e inteira. E quando o filho, assim como os pais, descobrir que não consegue obedecer sempre, por completo, os pais terão a oportunidade de lhe mostrar a boa-nova do evangelho, Jesus, que morreu e ressuscitou em obediência total ao Pai, e o capacitará para a obediência completa.

# O Senhor vê o coração

> *Porém o Senhor disse a Samuel: Não atentes para a sua aparência, nem para a sua altura, porque o rejeitei; porque o Senhor não vê como vê o homem. O homem vê o exterior, porém o Senhor, o coração.*
>
> 1SAMUEL 16:7

Como pais, temos uma forte tendência a focar em questões externas de aparência na vida dos nossos filhos, e não em questões essenciais de caráter. Preocupamo-nos com roupas de moda e sua aparência física; zelamos por uma *performance* acadêmica, atlética ou artística de excelência (muitas vezes definida em comparação com seus colegas). Vigiamos o comportamento público (para não passarmos vergonha) muito mais que atitudes do coração, demonstradas em particular. Ou seja, a educação dos nossos filhos muitas vezes diz mais sobre NÓS e nossa glória do que a glória de Deus e o coração do filho.

Embora o comportamento público da criança seja também uma revelação do que reina em seu coração (Provérbios 20:11 diz: *Até a criança se dá a conhecer pelas suas ações, se o que faz é puro e reto*), os pais sábios sondam as atitudes, motivações, linguagem corporal e outros indícios do estado do seu coração.

Pais, fujam da tentação de usar seu filho para engrandecer seu próprio nome. Preocupem-se muito mais com atitudes do que atividades, motivações do que medalhas, caráter do que competição. Não tenham medo de fazer perguntas na esfera do coração para sondar o que se passa no interior do seu filho. Assim estarão adotando a perspectiva do Senhor, que sonda o coração.

# Sacerdote do lar

> ... Jó [...] *levantava-se de madrugada e oferecia holocaustos segundo o número de todos eles* [os filhos], *pois dizia: Talvez tenham pecado* [...] *e blasfemado contra Deus em seu coração. Assim o fazia Jó continuamente.*
>
> JÓ 1:5

**O** grande patriarca Jó era *homem íntegro e reto, temente a Deus e que se desviava do mal* (Jó 1:1,8). O maior exemplo de sua integridade era o exercício do sacerdócio no lar. Jó era um pastor para sua própria família.

Jó tinha o hábito de interceder pelos filhos constantemente. Ele não oferecia holocaustos por todos os filhos todos os dias, pois o texto diz que somente fazia isso *decorrido o turno de dias de seus banquetes* (Jó 1:5). Mas intercedia fielmente pelos filhos todos os dias.

Das três responsabilidades principais que os pais têm na educação dos filhos – instrução (discipulado), intervenção (disciplina) e intercessão (dependência) –, a única que permanece ininterrupta mesmo depois que os filhos saem de casa, formam seu próprio lar e têm seus próprios filhos, é a INTERCESSÃO FAMILIAR.

Como pais, temos que interceder fielmente pelos nossos filhos e apascentá-los como verdadeiros pastores de suas vidas. A integridade do sacerdote revela-se em casa. Você tem sido esse sacerdote?

Que todo pai e toda mãe adote como lema o que o profeta Samuel disse ao povo de Deus, *Quanto a mim, longe de mim que eu peque contra o Senhor, deixando de orar por vós...* (1Samuel 12:23).

# Pacto com os olhos

*Fiz aliança com meus olhos;
como, pois, os fixaria eu numa donzela?*

JÓ 31:1

- Até 11 anos, em média, a criança já foi exposta à pornografia explícita pela internet.
- 93% dos meninos e 62% das meninas na adolescência já acessaram pornografia.
- Crianças com menos de 10 anos assistem 22% da quantidade enorme de pornografia consumida por pessoas com menos de 18 anos.[1]

"A imoralidade está corroendo o coração da igreja de dentro para fora." Assim afirmam os conselheiros bíblicos que têm a difícil tarefa de juntar as peças de vidas destruídas pelo vício da pornografia e perversão sexual. Através de revistas, internet, filmes e salas de *chat*, meninos e meninas são escravizados por fantasias sexuais que só decepcionam, frustram e minam o alicerce de seus futuros lares.

À luz do ensino bíblico, somente as águas puras da fonte divina satisfazem o coração humano. A alma sedenta por

---

1 CHALLIES, Tim. 10 *Ugly Numbers Describing Pornography Use in 2017* (11/04/17). Disponível em: <https://www.challies.com/articles/10-ugly-and-updated-numbers-about-pornography-use>.

satisfação sexual fora dos parâmetros divinos só encontra frustração – como a pessoa que procura saciar sua sede bebendo água salgada do mar. No fim, só consegue aumentar sua sede e nunca se satisfaz.

O melhor remédio é ensinar seu filho a fugir da pornografia e dos desejos sexuais ilícitos. Adote o padrão de Jó, que fez um pacto com seus próprios olhos de desviá-los quando atraídos a imagens imorais. Coloque filtros na internet de casa. Vigie o *smartphone* do seu filho. Converse abertamente sobre os desejos do seu coração. Mantenha as portas abertas para falar sempre que ele ou ela tiver uma dúvida. Deixe esse legado de pureza sexual para seu filho pelo seu próprio exemplo!

# Passando o bastão

*O que ouvimos e aprendemos, o que nos contaram nossos pais, não o encobriremos a seus filhos [...] a fim de que a nova geração os conhecesse, [...] se levantassem e por sua vez os referissem aos seus descendentes.*

SALMOS 78:3,4,6

O salmo 78 é um chamado para os pais e avós contarem as histórias da fidelidade de Deus no passado como lembrança no presente de que Deus nos conduzirá para o futuro. Há muitas maneiras de fazer isso, mas uma das melhores talvez sejam os memoriais da fidelidade de Deus na própria história familiar.

Quando as pessoas ouvem a palavra "memorial", muitas vezes pensam em lugares famosos, como o Ipiranga, ou talvez a Estátua da Liberdade em Nova Iorque. Estátuas e prédios como esses comemoram alguns pontos altos da nossa história e os mantêm vivos na consciência nacional.

Para o cristão, memoriais recordam a fidelidade de Deus e celebram suas intervenções graciosas em nossas vidas. Como símbolos tangíveis, nos encorajam a lembrar de ocasiões marcantes durante nossa peregrinação nesta vida, momentos em que Deus dramaticamente dissipou a neblina e nos deu uma rápida vista do seu cuidado soberano. Memoriais ensaiam os milagres da vida, grandes e pequenos.

A nossa fé é caseira, passa de geração a geração, como um bastão numa corrida de revezamento. Os filhos não cansam de ouvir as histórias da provisão e da fidelidade de Deus na vida dos pais e dos avós. Aproveite esse tempo oportuno de contar histórias e estabeleça um legado familiar de fé! Use objetos concretos, documentos, fotos, filmagens e outras lembranças para recordar a fidelidade de Deus em sua vida. Use o método que quiser, mas acima de tudo, CONTE!

# Conflito de gerações?

*Cantarei para sempre as tuas misericórdias,
ó SENHOR; os meus lábios proclamarão
a todas as gerações a tua fidelidade.*

SALMOS 89:1

Falando sobre conflitos de gerações, o médico inglês Ronald Gibson começou uma conferência dizendo: "Essa juventude está estragada até o fundo do coração. Os jovens são malfeitores e preguiçosos. Eles jamais serão como a juventude de antigamente e não conseguirão manter a nossa cultura."

Toda a plateia aplaudiu em concordância, até que o palestrante revelou que essas palavras foram encontradas em um vaso de argila nas ruínas da Babilônia e tinham mais de quatro mil anos.

As coisas não mudaram muito. O conflito entre gerações parece ter piorado. Jovens de um ano escolar não conversam com aqueles de turmas anteriores, muito menos com adultos. É raro encontrar um adolescente que consegue (e quer) ter diálogo com um "velho".

Muitos pais não sabem sobre os sonhos, medos, expectativas e paixões dos seus filhos, simplesmente porque não dialogam com eles. Há culpa de ambos os lados, mas, como adultos, os pais têm a principal responsabilidade, desde cedo, de manter abertas as portas de comunicação com o filho. O melhor remédio para o conflito de gerações é construir uma ponte entre elas – melhor ainda quando é uma comunicação aberta baseada na Palavra de Deus!

Faça perguntas abertas (que não se respondem com um simples "sim" ou "não") para seus filhos. Não se sinta como infrator por se intrometer na vida deles – vocês são pais e eles são seus filhos!

# A TV "convertida"

*... Portas a dentro, em minha casa, terei coração sincero.
Não porei coisa injusta diante dos meus olhos; [...]
não quero conhecer o mal.*

SALMOS 101:2-4

As pesquisas comprovam a epidemia de violência e imoralidade no Brasil. Entendemos, em parte, por que o mundo procura preencher o vazio em seu coração por esses meios perversos. Mais difícil de compreender é como os filhos de Deus permitem que a violência e imoralidade do mundo invadam seus lares. Não podemos sair do mundo, mas será que precisamos trazer o mundo para dentro de casa? Em nome de "entretenimento" acabamos nos tornando como o mundo.

Reavivamento verdadeiro manifesta-se primeiro no lar. Esse reavivamento vem quando o Espírito de Deus usa a Palavra de Deus para conformar o povo de Deus à imagem de Deus!

Uma vida de integridade dentro do lar tem enormes implicações para o tipo de entretenimento que permitimos em nossas famílias. O salmista pôs um filtro sobre seus olhos para não ter que contemplar o mal. Resolveu evitar tudo que era inútil, perverso, corrupto, sensual ou simplesmente uma perda de tempo.

Nossos filhos gastam horas à toa em frente às telas, brincando com *videogames* e *smartphones* que muitas vezes lhes ensinam coisas perversas – morte, batalha, sangue, demônios, sexo ilícito e muito mais. Brincamos com o pecado, chegando tão perto quanto possível, farejando-o, beliscando a tentação. Somos ingênuos, pensando que podemos saborear o queijo do pecado sem ser pegos na ratoeira. Nossos ídolos são os violentos, os sensuais e os perversos!

Que Deus nos dê coragem para permitir que Cristo viva sua vida através de nós em TODAS as áreas da nossa vida, inclusive no entretenimento. Não podemos, nem devemos, sair do mundo. Mas não precisamos trazer o mundo para dentro de casa!

# O legado da fé

*Aleluia! Bem-aventurado o homem que teme ao SENHOR e se compraz nos seus mandamentos. A sua descendência será poderosa na terra; será abençoada a geração dos justos.*

SALMOS 112:1,2

Um adesivo de caminhão aconselha: "Não se preocupe tanto com o mundo que vamos deixar para nossos filhos, mas com os filhos que vamos deixar no mundo."

O temor do Senhor, conceito que marca a vida sábia conforme Provérbios (1:7; 9:10), significa andar com Deus. A ideia é de viver na presença do Senhor e adquirir a SUA perspectiva sobre TUDO que acontece, ou seja, a perspectiva do alto. Essa é uma vida em comunhão com o Pai ao ponto de saber, pela intimidade, o que Ele deseja em cada situação e decidir consistentemente por esse caminho.

Pai, você anda com Deus? Mãe, você vive na presença do Criador? Vocês cultivam hábitos de tempo diário na Palavra? De louvor cantado durante o dia? De oração constante nos momentos ociosos?

Um dos principais privilégios de um legado são descendentes abençoados e piedosos. Não existe bênção maior nesta vida que ver nossos filhos andando na verdade (3João 4). Vale a pena lembrar que nosso maior legado são os filhos que enviaremos para um mundo que nós mesmos provavelmente não conheceremos. É o que vamos deixar de mais precioso.

Os filhos do homem (e mulher) que teme a Deus são influentes, não influenciados. Abençoam aqueles com quem convivem. Esse fruto delicioso de uma longa vida vivida na presença do Senhor vem da sua graça (Salmos 127:3-5; Salmos 128; Provérbios 20:7).

# Herança do Senhor

*Herança do Senhor são os filhos;*
*o fruto do ventre, seu galardão.*

Salmos 127:3

Apesar dos pratos sujos deixados na pia, da roupa espalhada pela casa, das horas no trânsito levando os filhos para a escola, para o *shopping*, para a igreja ou para a casa dos amigos, a perspectiva da Palavra de Deus sobre eles é unânime: são uma herança preciosa vinda de Deus, um galardão que Ele mesmo nos dá.

Há várias evidências de atitudes adversas aos filhos em nossa sociedade: o alto índice de aborto; planejamento familiar que adia indefinidamente a paternidade ou a anula; maus-tratos a crianças; pedofilia; diminuição do tamanho da família pós-moderna; negligência dos filhos; criação delegada a outros, como babás, avós, creches.

O relacionamento com filhos em nossa sociedade reflete um cenário de "amor-ódio". Um ditado americano afirma: "Crianças devem ser vistas, não ouvidas". A sociedade vem adotando uma atitude cada vez mais hostil para com a criação de filhos. Muitas vezes, filhos interrompem carreiras promissoras. Bagunçam o orçamento familiar. Alteram radicalmente nosso estilo de vida. E, depois de dar tanto trabalho, nem sempre saem do jeito que esperamos. E se saem, muitas vezes vão embora sem dizer sequer um "Obrigado, papai". Será que vale a pena ter filhos?

É preciso coragem, sim, para criar filhos nos tempos em que vivemos. Mas, para os pais que temem a Deus, há muita esperança de sucesso no final do processo. Não desanime! Nunca perca a visão que Deus tem de seu filho – você foi premiado, e não castigado, com a vida dele!

# Filhos da mocidade

*Como flechas na mão do guerreiro,
assim os filhos da mocidade.*

SALMOS 127:4

Os casais estão adiando cada vez mais o casamento e o momento de ter seu primeiro filho. Os cursos superiores, as dificuldades econômicas, o estabelecimento da profissão, marido e esposa trabalhando fora são fatores que contribuem para esse adiamento da paternidade. Mas há um preço a pagar quando se espera muito para ter filhos.

À luz da Palavra de Deus, filhos devem sempre ser uma bênção, mas de forma especial, os *filhos da mocidade*. São filhos nascidos quando os pais ainda são suficientemente jovens para treiná-los, acompanhá-los e ver sua posteridade por novas gerações. Os pais jovens têm energia e disposição suficientes para acompanhar a educação e a disciplina de seus filhos. Têm a vantagem de ainda lembrar como era ser criança. Também têm maior probabilidade de algum dia ver seus netos e bisnetos.

Esse fato não menospreza aqueles que, por qualquer motivo, têm filhos mais tarde na vida, pois, à luz de Salmos, filhos sempre são uma bênção. Mas o ideal é que os pais tenham tanto tempo quanto possível para curti-los!

Os filhos da velhice também podem desfrutar dessas experiências, mas os pais terão que manter seu espírito jovem para acompanhar o pique deles.

# Flechas do guerreiro

*Como flechas na mão do guerreiro,
assim os filhos da mocidade.
Feliz o homem que enche deles a sua aljava...*

SALMOS 127:4,5

Como flechas, os filhos serão lançados com o potencial de penetrar o coração de um mundo em desespero, sem Deus. Eles são nossas armas para cumprir o propósito de Jesus, de *ir e fazer discípulos de todas as nações*.

Certa vez, o filósofo Sócrates indagou à sociedade da cidade de Atenas: "Ó, cidadãos de Atenas, por que vocês raspam cada pedra procurando riquezas e gastam tão pouco tempo cuidando dos filhos para quem deixarão tudo?"

No mundo antigo, as flechas representavam não somente uma linha de defesa (veja v:5), mas também uma forma de adquirir comida. São (ou devem ser) uma bênção para todos.

Não sabemos quantas flechas enchiam uma "aljava". Sabemos que um dos propósitos principais que Deus deu para a família foi o de multiplicar adoradores verdadeiros sobre a face da terra (Gênesis 1:28; 9:1,7). Nada nas Escrituras sugere que a tarefa de encher a terra com filhos fiéis e adoradores verdadeiros já tenha sido cumprida.

Como flechas, os filhos precisam ser direcionados. Pressupõe-se que a família esteja deixando Deus edificar a casa – que Ele seja o edificador do lar e que Ele dê os filhos para serem direcionados ao alvo certo. A família edificada sobre outro fundamento vai ter problemas sérios. Não terá disciplina no lar, nem qualquer esforço para inculcar valores bíblicos no decorrer dos acontecimentos do dia, nem o investimento de tempo e atenção nessas pequenas vidas. Flechas sem rumo frequentemente voltam, ferindo o coração dos próprios pais.

# Filhos frutíferos

*Tua esposa, no interior de tua casa, será como a videira frutífera; teus filhos, como rebentos da oliveira, à roda da tua mesa. Eis como será abençoado o homem que teme ao SENHOR!*

SALMOS 128:3,4

A esposa do homem que teme a Deus contrasta com a mulher sensual, que *é apaixonada e inquieta, cujos pés não param em casa; ora está nas ruas, ora, nas praças, espreitando por todos os cantos* (Provérbios 7:11,12). A frase descreve contentamento e realização, segurança e tranquilidade nas partes mais protegidas da casa.

A descrição da esposa como *videira frutífera* ensina que, por ter um marido temente a Deus, ela recebe a bênção de ter muitos filhos tementes a Deus. Ela também fica livre para criar os filhos, desenvolver um caráter piedoso e ainda abençoar o lar financeiramente, assim como a mulher virtuosa em Provérbios 31:10-31.

Não somente a esposa, mas também os filhos gozam de prosperidade como fruto do temor do Senhor por parte dos pais (veja Salmos 112:2). A figura de *rebentos da oliveira* retrata vitalidade, crescimento, longevidade e produtividade. O fato de que o homem tem filhos *à roda da mesa* aponta que ele tem muitos filhos, assim como a aljava cheia de Salmos 127:5.

Seria difícil superestimar tamanha bênção concedida por Deus para a família de quem teme ao Senhor! Não abra mão desse desejo. Clame a Deus por uma família temente a Ele!

# O maior best-seller

> *... para dar aos simples prudência*
> *e aos jovens, conhecimento e bom siso.*
> *Ouça o sábio e cresça em prudência;*
> *e o instruído adquira habilidade.*
>
> PROVÉRBIOS 1:4,5

Livros sobre criação de filhos estão sempre em demanda. Mas o melhor manual sobre a educação no lar é um *best-seller* há três mil anos. O livro de Provérbios foi escrito justamente para ajudar os pais na difícil tarefa de treinar jovens para terem uma vida equilibrada, sábia e bem-sucedida.

Ao contrário do que os governos do mundo creem, a resposta aos problemas da humanidade não é encher o cérebro com mais informações. Educar alguém sem lhe dar Jesus significa criar um diabo mais esperto.

Em vez de simplesmente encher o cérebro, precisamos transformar o coração. O currículo de Provérbios começa com a matéria chamada "O temor do Senhor" – um relacionamento íntimo com o Criador que envolve dois aspectos: reverência e amor. O coração transformado para olhar o mundo com a perspectiva do alto inevitavelmente educa o filho sobre finanças, sexualidade, amizade, vocação e vida familiar. Na sua procura por ferramentas de confiança na criação de filhos, comece onde Deus começou: com o "Seminário do lar", o livro de Provérbios.

# "Faça o que falo..."

*Filho meu, ouve o ensino de teu pai
e não deixes a instrução de tua mãe.*

PROVÉRBIOS 1:8

Alguém disse: "Você gasta os primeiros dois anos da vida de seu filho ensinando-o a andar e falar, e depois os dezesseis anos seguintes dizendo para ele se sentar e fechar a boca."

Os pais precisam ganhar os ouvidos dos filhos. No início da vida, devem insistir que o filho ouça a instrução. Para tanto, os pais precisam se posicionar primeiro como *autoridades* na vida do filho, o que às vezes envolverá disciplina pela falta de atenção. Muitos pais temem ser *autoritários*, e certamente não é esse o nosso alvo. Mas o filho não pode se tornar *sábio aos seus próprios olhos* (Provérbios 3:7), como se soubesse mais que os pais. Precisa reconhecer que mamãe e papai sabem muito mais.

Com o tempo, os pais passam da esfera de *autoridade* para o nível de *amizade*. O exemplo e a dignidade dos pais, mais do que a autoridade, manterão os ouvidos dos filhos abertos. O pai hipócrita diz: "Faça o que falo, não faça o que faço". Agindo assim, perde a atenção que o pai sincero merece por não ter medo de admitir seus erros e pedir perdão ao filho. Não se perde a autoridade com esse gesto, ganha-se o respeito dele.

# Más companhias

*Filho meu, se os pecadores querem seduzir-te, não o consintas.*

PROVÉRBIOS 1:10

*Quem anda com os sábios será sábio, mas o companheiro dos insensatos se tornará mau.*

PROVÉRBIOS 13:20

*Como o ferro com o ferro se afia, assim, o homem, ao seu amigo.*

PROVÉRBIOS 27:17

Nossos amigos formam nosso caráter. Nossos filhos passarão mais tempo na presença dos seus colegas do que conosco. Sabemos da forte influência que amigos exercem, especialmente no adolescente que tanto deseja ser aceito pela turma.

Por isso, pais, vocês precisam conhecer os companheiros do seu filho e fazer o necessário para verificar que essa influência seja positiva, e não destrutiva.

O filho precisa ser ensinado a dizer "não" quando pressionado a fazer o mal. Os pais sábios contam as histórias dos jovens José (Gênesis 37–50) e Daniel (veja Daniel 1), das Escrituras, para fortalecer o caráter dos seus filhos.

Outra sugestão prática: É melhor que sua casa ou apartamento seja o *playground* da vizinhança do que deixar seu filho ir para uma casa ou família desconhecida, onde vocês não sabem o que pode acontecer como passatempo. Vale a pena um pouco mais de bagunça na sua sala de estar para ter menos lixo na vida das crianças.

# Oração familiar

*Confia no SENHOR de todo o teu coração
e não te estribes no teu próprio entendimento.
Reconhece-o em todos os teus caminhos,
e ele endireitará as tuas veredas.*

PROVÉRBIOS 3:5,6

*Orai sem cessar.*

1TESSALONICENSES 5:17

Nada expressa nossa confiança exclusiva em Deus tanto quanto a oração. Por outro lado, nada comunica mais autossuficiência do que a falta de intercessão.

Oramos pouco em família. As razões são muitas: falta de tempo, falta de hábito, constrangimento, hipocrisia, orgulho. Mas o fator principal talvez seja a forte tendência de querer resolver os problemas com nossa própria força.

As crianças precisam de oportunidades reais no laboratório da vida para ver a fé em ação. Uma das melhores maneiras de mostrar um Deus vivo que atua em favor delas é através da oração familiar.

Devemos cultivar o hábito em família de levar TUDO a Deus em oração (1Tessalonicenses 5:17). Oramos antes e depois de uma viagem; oramos antes das refeições; oramos antes de dormir; oramos quando somos gratos e oramos quando sentimos nossa necessidade.

Quando a família passa por apertos de qualquer tipo, reúna todos, explique a situação e orem juntos, mostrando de forma clara sua confiança no Senhor. Assim que chegar a resposta, conte para todos e glorifiquem a Deus juntos.

# Decisões acertadas

*Confia no Senhor de todo o teu coração
e não te estribes no teu próprio entendimento.
Reconhece-o em todos os teus caminhos,
e ele endireitará as tuas veredas.*

Provérbios 3:5,6

Todo bom pai deseja o sucesso do seu filho. Os melhores pais esperam que os filhos subam em seus ombros, atingindo alturas fora do alcance dos pais. Mas tudo isso exige que o filho tome decisões acertadas nas encruzilhadas da vida.

A época em que o filho enfrenta mais encruzilhadas e decisões difíceis é no final da adolescência e na juventude: profissão, estudo, namoro, noivado, casamento e muito mais. Mas, por alguma razão, muitos pais abandonam seus filhos justamente nessa época, como se houvesse algo mágico no dia do 18º aniversário que eliminasse a necessidade do envolvimento de pais-amigos nessas decisões! Nada nas Escrituras sugere que os pais deixam de influenciar o filho solteiro só porque atingiu a maioridade.

Como pais, precisamos nos posicionar para continuar influenciando nosso filho jovem. Não mais como autoridade, mas como amigos conselheiros.

Prepare seu filho para essa época de antemão, ensinando-o a primeiramente buscar o Senhor e a sua vontade nas decisões. Se os pais demonstraram esta atitude nos anos anteriores, será a coisa mais natural para os filhos na hora de tomar uma decisão acertada.

Nessa altura, os pais podem e devem chegar junto e ajudar o filho a avaliar os prós e contras de cada decisão, para que tenha o êxito que tanto ele como os pais desejam.

# Orçamento juvenil

*Honra ao Senhor com os teus bens
e com as primícias de toda a tua renda.*

Provérbios 3:9

As crianças precisam aprender que tudo o que temos vem de Deus. A oferta voluntária, que representa uma porção do muito que Deus nos deu, expressa nossa gratidão a Ele por suas dádivas. Assim reconhecemos que foi o Senhor que nos deu oportunidade e capacidade para trabalhar e ganhar dinheiro.

Não é errado dar uma mesada para seu filho, desde que seja modesta o suficiente para que ele aprenda a valorizar o trabalho e seus frutos. Ele deve entender que com privilégios vêm responsabilidades. Por isso, deve haver tarefas rotineiras que os filhos desempenham como membros da família. Algumas possibilidades incluem: arrumar a cama; ajudar a lavar louça; varrer o chão; alimentar o cachorro; regar as plantas etc.

Ensine seu filho desde cedo a separar a primeira parte da mesada ou outras entradas para o Senhor. Um orçamento simples pode ser feito dividindo o dinheiro do filho em envelopes: um envelope para **oferta** (sugerimos que comece com mais de 10% para fugir da ideia de que com 10% já cumpriu seu dever de contribuição); outro envelope para **poupança** e ainda outro para **gastos**. O filho tirará dinheiro de cada envelope, conforme seu desejo e orientação dos pais.

# Um investimento certo

> *Filho meu, não rejeites a disciplina do S*ENHOR*, nem te enfades da sua repreensão. Porque o S*ENHOR *repreende a quem ama, assim como o pai, ao filho a quem quer bem.*
>
> PROVÉRBIOS 3:11,12

Espernear, gritar, bater nos pais ou fazer outro escândalo são reações totalmente inaceitáveis na criança quando ela está sendo disciplinada. Os pais não podem ser reféns de um filho que se rebela contra a correção.

Primeiro, os pais devem verificar se eles mesmos estão seguindo princípios sábios de disciplina:

- Sempre em particular;
- com suas emoções sob controle (sem ira ou gritaria);
- verificando se houve, de fato, desobediência;
- com explicação clara da natureza da ofensa;
- esclarecendo a razão da disciplina e as consequências da desobediência.

Se sua criança insiste em fazer escândalo na hora da disciplina, talvez tenha que deixá-la a sós por um tempo para se acalmar, mas depois ela terá que enfrentar o castigo que, com sabedoria bíblica, você aplicará à luz da situação. Ela precisa saber que essa disciplina é um ato de amor e que os pais têm que praticá-la em obediência a Deus. Às vezes custa caro para o nosso coração; mas vale a pena investir, pois renderá fruto para a eternidade!

# Livro dos heróis

*Não tenhas inveja do homem violento,
nem sigas nenhum de seus caminhos.*
PROVÉRBIOS 3:31

*Sede, pois, imitadores de Deus, como filhos amados.*
EFÉSIOS 5:1

A quem seu filho imita? Infelizmente muitas crianças copiam atores de cinema e TV, astros de música ou super-heróis que nem sempre refletem os valores cristãos. Além de analisar junto com seu filho o caráter daqueles que ele imita, procure colocar diante dele heróis de verdade na vida real. Isso pode ser feito apresentando para seu filho pessoas da sua convivência que têm histórias lindas de serviço a Deus – missionários, pastores, educadores, líderes na comunidade, avós e outros parentes.

Convide uma dessas pessoas para uma refeição, lanche, sobremesa ou saída simples com a família para uma entrevista com ela. Peça que conte algumas histórias da grandeza e fidelidade de Deus em sua vida, experiências da proteção e provisão divina, momentos de medo, vitórias e derrotas. Encoraje seus filhos a também interagirem com ela, fazendo suas próprias perguntas. Podem até criar um "Livro de heróis da família _____" que inclui fotos, fatos interessantes, o versículo predileto da pessoa, seus interesses, experiências marcantes e mais.

# Alcançando o coração

*Sobre tudo o que se deve guardar, guarda o coração,
porque dele procedem as fontes da vida.*

PROVÉRBIOS 4:23

*Portanto, sede vós perfeitos como perfeito é o vosso Pai celeste.*

MATEUS 5:48

Os pais são guardiões do coração do filho. Mas, além de proteger o coração do filho, também precisam expor o que há lá dentro. O primeiro alvo dos pais deve ser levar o filho a reconhecer o pecado em seu próprio coração, e assim conduzi-lo até a única solução: Cristo Jesus. Este processo pode durar poucos ou muitos anos, mas significa sempre manter o alto padrão da santidade de Deus em vista, que envolve obediência imediata, inteira e interna à Palavra de Deus.

Os pais que diminuem esse alto padrão de Deus criam filhos sábios aos seus próprios olhos (Provérbios 3:7), que têm a falsa impressão de que conseguem, por seus esforços, atingir a meta divina. Mas somente Cristo pode satisfazer as exigências divinas!

Quando seu filho fracassar, aproveite a porta aberta para o evangelho e explique como Jesus morreu e ressuscitou para lhe dar nova vida e uma nova capacidade de cumprir o plano de Deus. Não canse de falar do evangelho para seu filho – antes e depois da sua conversão. Uma vida de dependência em Jesus continua sendo a nossa única esperança de salvação e de santificação.

# O alvo dos pais

*O filho sábio alegra a seu pai,
mas o filho insensato é a tristeza de sua mãe.*

PROVÉRBIOS 10:1

Certa vez, uma *expert* em educação de filhos deu uma palestra para mil pais em uma conferência em São Paulo. Ela afirmou que a maior esperança que os pais poderiam ter na criação dos filhos era de que eles não fossem um problema para a sociedade, como criminosos, e que pudessem passar dois ou três dias juntos como adultos em relativa paz e sem agredir um ao outro. Que conselho vazio, muito aquém do alvo divino para nossos filhos!

Um filho sábio, verdadeiro companheiro dos pais, é o alvo do processo de discipulado e disciplina, que dá muita alegria ao coração de todos. Como é gratificante ver os filhos tomando decisões acertadas porque adquiriram dos pais a perspectiva do alto – a verdadeira sabedoria!

Os pais que tentam ser o amigão do seu filho desde o nascimento muitas vezes acabam sendo desrespeitados e tratados como colegas ou até mesmo como inimigos nos anos por vir. Para atingir o alvo da amizade, os pais começam como autoridades. Farão a transição para conselheiros na adolescência e amigos na juventude – e para o resto da vida.

# A bela e a fera

*Como joia de ouro em focinho de porco,
assim é a mulher formosa que não tem discrição.*

PROVÉRBIOS 11:22

*... Não atentes para a sua aparência, nem para a sua altura,
porque o rejeitei; porque o SENHOR não vê como vê o homem.
O homem vê o exterior, porém o SENHOR, o coração.*

1SAMUEL 16:7

As aparências enganam. Infelizmente, muito no nosso mundo tenta ensinar que o que importa são a projeção e as aparências. Nossa face virtual vale mais que a real. As fotos do casamento valem mais que a cerimônia em si. Photoshop® e múltiplos aplicativos permitem que nos apresentemos ao mundo sem defeitos.

Eventualmente, o mundo virtual cede para o real. Caráter sempre sobe à superfície. Por isso, ensine seu filho a olhar além do superficial. Ajude-o a ver o coração, pois a beleza física pode durar alguns anos, mas o caráter dura uma vida.

Não permita que seu filho faça comentários negativos sobre pessoas baseados meramente na aparência física ou exterior. Ensine-o a não ter preconceitos ou discriminações para com as pessoas portadoras de necessidades especiais (Tiago 2:9). Valorize, você mesmo, evidências de caráter digno em seu filho, acima de aparência física, sobre a qual ele ou ela tem pouco controle. Cuidado com o excesso de elogios do que é só externo. Valorize o que Deus valoriza.

151 Reflexões sobre a educação de filhos

# Ouvindo a crítica

*Quem ama a disciplina ama o conhecimento,
mas o que aborrece a repreensão é estúpido.*

PROVÉRBIOS 12:1

*Os ouvidos que atendem à repreensão salutar
no meio dos sábios têm a sua morada.*

PROVÉRBIOS 15:31

*O que encobre as suas transgressões jamais prosperará;
mas o que as confessa e deixa alcançará misericórdia.*

PROVÉRBIOS 28:13

**D**isciplina serve como uma luz de advertência no painel das nossas vidas. Ela nos alerta quanto a defeitos de caráter, pontos cegos em nossa personalidade, áreas em que ainda não parecemos com Jesus.

Deus deu aos pais a principal responsabilidade de servir de alerta para seus filhos, instruindo-os, corrigindo-os, apontando áreas do seu coração que poderiam passar despercebidas.

A maneira como seu filho recebe uma crítica ou repreensão revela mais sobre sua maturidade do que qualquer outra atitude. Por isso o pai em Provérbios clama tanto para o filho lhe dar ouvidos. Provérbios destaca esse sinal do sábio não menos de 78 vezes. A maior marca de grife da pessoa sábia é como ouve, valoriza e atende à instrução, correção, repreensão e disciplina.

Como recebemos a disciplina determina se seremos pessoas em crescimento constante (sábios) ou paradas no tempo (tolos). Qual dos dois define o futuro de seu filho? Ainda há tempo para uma operação de resgate, mas você terá que confrontar atitudes do coração dele. Coragem!

# Bichos de estimação

*O justo atenta para a vida dos seus animais, mas o coração dos perversos é cruel.*

PROVÉRBIOS 12:10

Caráter é o que somos no escuro – quando ninguém nos vê. Assim como os maus hábitos do motorista escondido atrás do insulfilme revelam seu egoísmo e irresponsabilidade, nosso caráter também se manifesta na maneira como tratamos os indefesos, como nossos bichos de estimação.

Para as famílias que têm espaço físico e orçamento para adotar um animal de estimação, seu cuidado pode ensinar às crianças muitas lições importantes. Cuidar de um animal de estimação ensina responsabilidade, diligência e compaixão. Também revela o coração da criança. Dificilmente um cachorro, *hamster* ou peixe vai denunciar quem não for zeloso no seu cuidado. Mas irresponsabilidade para com um animal pode revelar defeitos de caráter nessas mesmas áreas.

Na perspectiva divina, até mesmo o tratamento de animais revela o nosso coração. Trabalhe com seu filho com uma lista de responsabilidades no cuidado do seu animal e ajude-o a compreender a importância da compaixão pelas criaturas feitas por Deus.

# Cumprindo promessas

*A esperança que se adia faz adoecer o coração,
mas o desejo cumprido é árvore de vida.*

PROVÉRBIOS 13:12

*Quem, SENHOR, habitará no teu tabernáculo?
[...] o que jura [promete] com dano próprio
e não se retrata.*

SALMOS 15:1,4b

Às vezes as crianças se esquecem de guardar os brinquedos ou escovar os dentes, mas nunca se esquecem de uma promessa! Contarão os dias até aquela saída para pesca, visita à sorveteria, jogo de futebol ou ida ao cinema.

Calcule suas palavras com cuidado: se você prometer uma tarde no parque de diversões, um novo *videogame*, uma viagem especial ou uma festa com os amigos, a criança não se esquecerá até que tudo se cumpra. Promessas não cumpridas não só minam a confiança que o filho tem nas palavras dos pais, como também causam um desânimo geral e profunda decepção.

Se for absolutamente necessário adiar ou até mesmo quebrar uma promessa feita, não passe por cima disso, mas explique os motivos para a criança e faça o possível para substituir a primeira promessa por outra atividade igualmente atraente.

Uma promessa cumprida fortalecerá o relacionamento pai/filho e certificará que os pais são dignos de confiança.

## A dor do leproso

*O que retém a vara aborrece a seu filho,
mas o que o ama, cedo, o disciplina.*

PROVÉRBIOS 13:24

A dor faz parte do plano de Deus para nos alertar dos perigos. Odiamos a dor, fugimos dela, mas não podemos anular seu valor. Ela nos adverte de que algo está errado. Alguns hoje tentam eliminar a dor na educação dos filhos, mas acabam tirando das mãos dos pais (e de Deus) uma das talhadeiras mais preciosas para nos esculpir à imagem de Cristo.

A doença chamada lepra nos tempos bíblicos (conhecida hoje como hanseníase) causa uma insensibilidade à dor, levando a pessoa atingida a não perceber feridas ou outros problemas físicos. Por exemplo, uma pessoa com hanseníase que afetou a sensibilidade das mãos poderia encostar num fogão quente e não perceber as queimaduras até que fosse tarde demais. Sem este sinal de dor, o corpo é prejudicado a tal ponto que se perdem dedos, pés, braços, orelhas.

Assim como a pessoa leprosa perde a sensibilidade à dor, o filho não disciplinado sofrerá as consequências da insensibilidade ao pecado. A disciplina bíblica, produto do amor de um pai, visa providenciar nervos espirituais para o filho. Consequências dolorosas ajudam o filho a entender que desobediência, rebeldia, mentira e outros pecados são altamente prejudiciais para sua saúde espiritual. O pai que recusa disciplinar seu filho torna-se cúmplice de criar um leproso espiritual.

# A mulher sábia

*A mulher sábia edifica a sua casa,
mas a insensata, com as próprias mãos, a derriba.*

PROVÉRBIOS 14:1

*No temor do SENHOR, tem o homem forte amparo,
e isso é refúgio para os seus filhos.*

PROVÉRBIOS 14:26

Nada é mais triste do que ver um lar sendo destruído, tijolo por tijolo, pela tolice dos pais. O lar deve ser um porto seguro em meio às tempestades da vida, onde os filhos encontram sossego e paz.

Pai e mãe, não permitam que o próprio lar seja lugar de instabilidade e insegurança. Apresentem sempre uma frente unida diante dos seus filhos. Se for preciso discutir com seu cônjuge (todos os casais discutem!), faça isso em particular, longe dos ouvidos dos filhos. Se errar, peça perdão, deixando um exemplo de humildade e transparência.

Não permita vozes levantadas com raiva ou bate-bocas no contexto do lar. Discipline o "dedo-duro" que está mais interessado em ver o irmão apanhar do que em ajudá-lo a fugir do pecado.

Acima de tudo, faça do seu lar um refúgio onde todos têm prazer em estar, e não um campo de batalha de onde todos querem fugir.

# Santa bagunça

*Não havendo bois, o celeiro fica limpo,
mas pela força do boi há abundância de colheitas.*

PROVÉRBIOS 14:4

Um mal quase necessário na criação de filhos é a santa bagunça que os acompanha. Esse versículo enigmático de Provérbios ensina que um pouco de sujeira reflete, às vezes, muita atividade. Como *A Bíblia Anotada* comenta, "Não é possível ter leite sem pisar-se em algum esterco. O preço do crescimento e da realização é sempre uma certa medida de incômodo" (p. 806).

Não se incomode com um pouco de bagunça inevitável; senão, você pode perder parte do prazer e do privilégio de criar seus filhos em um ambiente descontraído e sem estresse.

Para manter certa ordem na casa, talvez seja interessante estabelecer um tempo em que todos os brinquedos devem ser guardados – como, por exemplo, antes da janta ou na hora de dormir. Os pais também podem estabelecer a regra de que a criança só poderá brincar com uma quantidade "x" de brinquedos ao mesmo tempo.

Ensine a eles a disciplina de guardar suas coisas, mas não espere um "celeiro" perfeito.

# A resposta branda

*A resposta branda desvia o furor,
mas a palavra dura suscita a ira.*

PROVÉRBIOS 15:1

Um dos maiores desafios dos pais é manejar os conflitos entre os irmãos e ensiná-los a serem pacificadores. Como é comum o bate-boca entre irmãos que rapidamente chega aos gritos e até à agressão física!

Muitas vezes um pequeno atrito acaba em guerra total porque os filhos não sabem administrar os conflitos. Os pais sábios ensinam a devolver palavras brandas em vez de comprar uma briga desnecessária. Assim desarmam as bombas que ameaçam a paz familiar.

Uma das melhores ferramentas na vida em família é o ensino sobre a resolução de conflitos. Os pais devem ensinar aos filhos quando relevar uma ofensa (1Pedro 4:8), quando confrontar seu irmão (Gálatas 6:1), quando confessar seu pecado (Provérbios 28:13), como negociar uma resolução, como perdoar (Efésios 4:31,32) e quando apelar para uma autoridade maior (os pais) sem ser um dedo-duro.

Essa é uma das demonstrações mais claras da vida de Jesus em nós. Faz bem perguntar: O que Jesus faria (OQJF)? Ele responderia com palavras brandas em vez de provocar uma briga. Ajude seus filhos a fazerem o mesmo e procure ser imparcial.

# Os olhos do Senhor – e dos pais

*Os olhos do Senhor estão em todo lugar,
contemplando os maus e os bons.*

PROVÉRBIOS 15:3

*E vós, pais, não provoqueis vossos filhos à ira,
mas criai-os na disciplina e na admoestação do Senhor.*

EFÉSIOS 6:4

A onipresença do Senhor (i.e., Deus está em todo lugar) nos consola nas horas de aperto e nos confronta quando somos tentados a pecar. Deus vê, Deus cuida e Deus disciplina. Essa doutrina também nos consola como pais, pelo simples fato de que Deus acompanha nossos filhos aonde quer que vão e Ele os ama ainda mais do que nós.

Mas os pais não são onipresentes e são chamados por Deus para cuidar dos filhos como uma mordomia emprestada do Senhor. Previna-se de problemas tomando o cuidado de saber onde seu filho está e o que está fazendo. Não permita que durma na casa de amigos sem conhecer muito bem quem estará presente, quem são os donos da casa e como será o "programa". Para os filhos mais velhos, estabeleça limites muito claros de horários e atividades permitidas. Qualquer mudança de planos deve ser comunicada aos pais.

Quando for necessário delegar o cuidado dos filhos a terceiros – sejam os avós, a creche, babás ou no berçário da igreja – os pais precisam verificar que os responsáveis mantenham os mesmos padrões bíblicos que eles. Também devem sempre perguntar sobre qualquer atitude, ação ou fala inapropriada que aconteceu na sua ausência.

Infelizmente, muitos pais rejeitam o parecer de professores e outros cuidadores no que diz respeito à conduta dos filhos na sua ausência. Defender o filho contra toda e qualquer sugestão de comportamento inapropriado pode condená-lo a repetir a ofensa muitas vezes.

# Vida simples

*Melhor é o pouco, havendo o temor do SENHOR,
do que grande tesouro onde há inquietação.*

PROVÉRBIOS 15:16

*Se o SENHOR não edificar a casa,
em vão trabalham os que a edificam [...].
Inútil vos será levantar de madrugada, repousar tarde,
comer o pão que penosamente granjeastes;
aos seus amados ele o dá enquanto dormem.*

SALMOS 127:1, 2

Não troque a paz do seu lar pelo estresse de uma vida complicada. Na busca por bens materiais, muitas pessoas sacrificam saúde, tempo familiar, descanso e a alegria da vida simples. Cuide para não ser possuído pelas posses. Trabalhe para viver, não viva para trabalhar. Construa um lar, não somente uma casa; não adianta deixar um palácio para a família quando o que ela mais quer é sua presença em casa.

Se necessário, diga "não" às tentações de ser um grande homem ou uma grande mulher de negócios, quando seus filhos apenas desejam um grande pai e uma grande mãe para eles. Avalie promoções pelo que podem significar em termos de investimento na vida dos filhos, fortalecimento do casamento e envolvimento na igreja. Fuja da tentação de competir com outros pelo *status* social: *De fato, grande fonte de lucro é a piedade com o contentamento. Porque nada temos trazido para o mundo, nem coisa alguma podemos levar dele. Tendo sustento e com que nos vestir, estejamos contentes* (1Timóteo 6:6-8).

# A alegria dos pais

*O filho sábio alegra a seu pai...*
PROVÉRBIOS 15:20 (10:1)

*Herança do SENHOR são os filhos;*
*o fruto do ventre, seu galardão.*
SALMOS 127:3

Certo humorista comentou: "As mães de adolescentes entendem por que alguns animais comem seus filhotes". Como pais, é fácil acharmos motivos para criticar nossos filhos. Alguns estudos mostram que, para cada elogio que o filho ouve, recebe dez críticas em troca.

Apesar das falhas, nossos filhos devem ser motivo de grande alegria. Tanto a crítica como o encorajamento fazem parte da paternidade, mas, muitas vezes, erramos do lado da crítica. Você tem conseguido equilibrar elogio e crítica? Tem caído no erro de murmurar contra seus filhos, por causa do trabalho que causam, da energia que sugam, do dinheiro que custam? Às vezes esquecemos da bênção que é ter filhos e machucamos pessoas ao nosso redor que não podem ter filhos.

Você pode louvar a Deus pelo privilégio de ser pai ou mãe? Consegue lembrar do momento em que descobriu que teria um bebê?

Que tal pensar em pelo menos um elogio genuíno que poderia fazer ao seu filho hoje? E repita o processo amanhã. Seu filho é seu legado.

# O espírito controlado

*Melhor é o longânimo do que o herói da guerra,
e o que domina o seu espírito, do que o que toma uma cidade.*

PROVÉRBIOS 16:32

*... melhor é a sabedoria do que a força [...].
Melhor é a sabedoria do que as armas de guerra...*

ECLESIASTES 9:16,18

"Meu pai é mais forte do que o seu!" Assim as crianças tentam provar o seu valor diante dos colegas. Mas a força física murcha diante da força espiritual, capaz de controlar seu próprio ânimo e disposição.

Mansidão se define como "força sob controle". Ser manso não significa ser capacho. Moisés demonstrou tremenda força física, perseverança e longevidade, mas foi considerado o homem mais manso na face da terra (Números 12:3). Jesus se identificou como *manso e humilde* (Mateus 11:29), mas também passou pelo meio da multidão que queria matá-Lo em sua cidade natal (Lucas 4:30) sem ninguém ousar tocar nele.

Ajude seu filho a se tornar forte não só fisicamente, mas emocional, social e espiritualmente. Autocontrole e autodisciplina lhe servirão durante toda a vida, mesmo quando se dissipam as forças físicas.

Ensine-o a dominar a ira diante de injustiças na escola, ou quando leva um chute na canela. Ajude-o a manter a calma quando tem medo do trovão, de um cachorro ou do escuro. Treine-o a responder com dignidade e brandura quando for xingado e ridicularizado.

Essa força espiritual é diferente da força física e só aumentará com a idade!

# A coroa do "coroa"

*Coroa dos velhos são os filhos dos filhos;*
*e a glória dos filhos são os pais.*

PROVÉRBIOS 17:6

Certa feita alguém comentou que "Os netos são os galardões de Deus por você não ter matado seus próprios filhos". Os avós têm orgulho das realizações dos netos, às vezes mais do que os próprios pais.

Quanta alegria tem o avô cujos netos lhe dão honra e atenção! Ao mesmo tempo, os pais (e avós) dão motivo de orgulho às crianças quando vivem uma vida honrada.

Um sábio aconselhou os pais dizendo: "Viva sua vida de tal maneira que, quando você for apresentado como pai (ou mãe) de seu filho, ele encha o peito de orgulho e não mostre a língua com vergonha". Seja um pai digno de honra para que seu filho tenha orgulho de ser chamado seu filho.

Ajude seu filho a honrar os avós. Faça visitas frequentes; programe telefonemas ou conversas pela internet; envie cartões e presentes, não se esquecendo também do dia do aniversário deles. Permita que seus filhos sejam mesmo a coroa dos "coroas".

# O "dedo-duro"

*O que encobre a transgressão adquire amor,
mas o que traz o assunto à baila separa os maiores amigos.*

PROVÉRBIOS 17:9

O diabo é o "dedo-duro" campeão do universo e tem muitos seguidores. No jardim do Éden Adão apontou seu dedo em direção a Eva e a Deus para tentar se livrar da culpa (Gênesis 3:12). Em vez de ser mais parecido com Deus depois de comer o fruto proibido (como Satanás havia prometido – Gênesis 3:5), esse dedo-duro pareceu o próprio diabo, o acusador de nossos irmãos, o mesmo que os acusa de dia e de noite, diante do nosso Deus (Apocalipse 12:10). Desde então, jogar a culpa tem caracterizado a raça humana diante do pecado.

Dedurar é o passatempo predileto em muitas famílias, mas deve ser duramente condenado. Será que significa que os filhos nunca podem recorrer aos pais com informações sobre um irmão? Não. Deve ser a opção quando alguém pode se machucar, ou um irmão está sendo ameaçado pelo outro, ou quando a criança precisa apelar para uma autoridade maior diante de uma injustiça.

Mas quando o filho tem o desejo de ver o irmão apanhar, ou se não o confrontou pessoalmente primeiro, ele precisa ser repreendido, pois imitou o diabo! No início, os pais podem desafiar o "dedo-duro" a resolver a situação com o irmão. Depois, ele mesmo deveria receber o castigo que esperava que o irmão sofresse.

# Externando o interior

*O insensato não tem prazer no entendimento,
senão em externar o seu interior.*

PROVÉRBIOS 18:2

O "outrocentrismo", que é o cerne do cristianismo e uma das características principais de Jesus, precisa ser demonstrado em primeiro lugar no lar. Mas como é difícil mostrar interesse genuíno no outro quando ficamos obcecados com nossos próprios planos, problemas e projetos.

É mais difícil exibir esse interesse no início e final de cada dia – quando nos vemos pela primeira vez e quando todos chegam da escola ou do serviço. Cultive o hábito de fazer perguntas genuínas sobre a noite que passou, os eventos do dia, a saúde e mais. Focalize no *outro* antes de contar os detalhes do seu dia.

Fazer refeições juntos oferece uma ótima oportunidade para conversas familiares, momento em que os filhos podem contar o que aconteceu na escola, o que aprenderam e também o que viram de errado, podendo tirar suas dúvidas com os pais.

Nesses momentos, verifique que ninguém domine a conversa, falando mais do que os outros e normalmente só sobre si mesmo. Encoraje seus filhos a se interessar pela vida das pessoas, fazendo perguntas inteligentes e realmente abrindo os ouvidos para ouvir as respostas.

# A multa do negligente

> *Quem é negligente na sua obra*
> *já é irmão do desperdiçador.*
> PROVÉRBIOS 18:9

> *O prudente vê o mal e esconde-se;*
> *mas os simples passam adiante e sofrem a pena.*
> PROVÉRBIOS 22:3

Negligência e desperdício são irmãos gêmeos. O negligente faz "corpo mole", e isto custa tão caro quanto jogar dinheiro fora por hábitos irresponsáveis e ignorantes. Os pais têm a responsabilidade de ser exemplo e ensinar seus filhos a serem trabalhadores diligentes e bons mordomos dos recursos familiares.

Multas podem ensinar uma boa mordomia. Provérbios 22:3 fala dos simples que não percebem perigos no caminho e sofrem a pena; a palavra "pena" é, literalmente, "multa".

Os pais podem aplicar multas como forma legítima de disciplina dos filhos, para ajudá-los a evitar a negligência, o desperdício e a tolice. Seja uma porcentagem da mesada ou tempo de serviço prestado, os pais podem estipular uma multa conforme a ofensa praticada.

Por exemplo: se seu filho continua deixando acesas as luzes do quarto vazio, ele paga "x" centavos na primeira vez, o dobro na segunda vez e assim por diante. Assim ele sentirá o valor *real* do seu desperdício. Pode-se usar o mesmo princípio em outras áreas em que a irresponsabilidade pesa no orçamento familiar.

# Pronto para ouvir

*Responder antes de ouvir é estultícia e vergonha.*
PROVÉRBIOS 18:13

Pais autoritários são inacessíveis. Tomam decisões, julgam os filhos, mas recusam-se a dar ouvidos quando eles têm algo a falar. Com o passar do tempo os filhos acabam perdendo a confiança nos pais. Mas o pai e a mãe sábios ouvem antes de tomar decisões, especialmente na área da disciplina.

Cuidado! Há maneiras certas e erradas pelas quais os filhos podem falar com os pais. Desafio, rebeldia, discussão, desrespeito, desacato, acusação e gritarias são inaceitáveis quando um filho fala com os pais.

Os pais podem ensinar ao filho a maneira correta de fazer seu apelo sem choramingar, fazer bico, ficar insistindo, arregalar os olhos ou murmurar. Se o filho começar seu apelo de forma errada, o pai pode pedir que pare, pense e repita seu pedido da maneira certa.

Quando há submissão e respeito no apelo do filho, você pode ouvir todos os lados da história e chegar a uma conclusão acertada, sem cair na estultícia e vergonha de aplicar uma disciplina errada ou injusta.

# Vida e morte

*Do fruto da boca o coração se farta,
do que produzem os lábios se satisfaz.
A morte e a vida estão no poder da língua;
o que bem a utiliza come do seu fruto.*

PROVÉRBIOS 18:20,21

Todo dia há assassinatos verbais em muitas famílias. Chega de intrigas, briguinhas, bate-bocas e rixas entre irmãos! Se a sua família é assim, já é hora de mudar!

Toda família precisa de encontros periódicos para tratar de questões de interesse comum. Quando os pais começarem a perceber deslizes em padrões bíblicos de obediência, conversação ou resolução de conflitos, devem juntar todos os membros da família para tratar do atual estado das coisas e voltar para um padrão mais pacífico e bíblico.

Se a família caiu no hábito de usar palavras ásperas e destrutivas, novos padrões devem ser estipulados, com as consequências da desobediência claramente colocadas. Os pais devem ser os primeiros a seguir esse padrão!

Uma boa regra para todos seria o dito: "Se você não puder dizer algo positivo para seu irmão, não diga nada".

# Quem acha uma esposa

*O que acha uma esposa acha o bem
e alcançou a benevolência do SENHOR.*

PROVÉRBIOS 18:22

*Mulher virtuosa, quem a achará?
O seu valor muito excede o de finas joias.*

PROVÉRBIOS 31:10

A escolha do cônjuge talvez seja a segunda decisão mais importante na vida – depois da decisão de abraçar a Cristo Jesus como Salvador. O cônjuge tem o poder de construir ou destruir a obra de uma vida. Encontrar o par perfeito não é por sorte – há muitos princípios bíblicos que norteiam o processo.

Os pais têm um papel fundamental no preparo dos filhos para o casamento. Em dias em que esse papel tem sido barateado, os pais sábios começam cedo a posicionar-se como orientadores dos seus filhos em questões românticas. Esse preparo inclui o próprio exemplo dos pais de um relacionamento saudável. Envolve instrução sobre o propósito do casamento, o papel do homem e da mulher, a seriedade da sexualidade e questões práticas como, por exemplo, a resolução dos conflitos inevitáveis que acompanham todo casamento.

Os pais podem estabelecer um pacto de namoro com o filho quando este tem 11 ou 12 anos, que inclui o compromisso dos pais de esforçar-se ao máximo para conhecer os "candidatos" no futuro e gastar o maior tempo possível com eles. "Achar" um cônjuge não é uma questão de sorte, mas da direção do Senhor, mediada pelos pais.

# A esperança da disciplina

*Disciplina o teu filho enquanto há esperança,
mas para matá-lo não sejas cúmplice.*

PROVÉRBIOS 19:18 (tradução literal)

Para alguns, hoje, a palavra "disciplina" soa como palavrão. Diante de tantas histórias de maus-tratos de crianças, espancamentos, negligência e abuso, não é de se admirar que os governos do mundo têm instituído leis para defender os indefesos.

Ao mesmo tempo, precisamos de equilíbrio para não jogar fora o bebê junto com a água do banho. Em um mundo onde a impunidade reina, mais e mais pais estão acordando para o fato de que, sem disciplina, a sociedade desaba.

Tudo indica que espancamentos e maus-tratos de crianças não eram um problema muito comum no mundo antigo como hoje. O mais corriqueiro era a *falta* de disciplina que leva à morte prematura do filho (como aconteceu nos casos dos filhos de Eli e de Davi no Antigo Testamento).

O livro de Provérbios nos lembra que disciplina faz parte de um processo em que uma dor artificial, proporcionada pela boa e compassiva mão de um pai ou de uma mãe, dá esperança de uma vida reta. É melhor que sejam os pais que disciplinem o filho enquanto há esperança, do que um patrão, policial ou colega quando for tarde demais!

# Impunidade

*Homem de grande ira tem de sofrer o dano;
porque, se tu o livrares, virás ainda a fazê-lo de novo.*

PROVÉRBIOS 19:19

*Visto como se não executa logo a sentença sobre
a má obra, o coração dos filhos dos homens está
inteiramente disposto a praticar o mal.*

ECLESIASTES 8:11

Todo mundo reclama da impunidade, mas poucos reconhecem que as raízes desse mal encontram-se no lar. Quando não se ensina que nossa conduta tem consequências, o mal se alastra por toda a sociedade.

Deus chama os pais para proporcionar consequências apropriadas quando os filhos extrapolam limites. Consequências artificiais são resultados que os pais estruturam para que o filho associe seu "crime" com algo desagradável. O ideal é que essas consequências tenham uma correspondência tão estreita quanto possível com o ato de desobediência. Por exemplo, se o filho deixou a bicicleta repetidas vezes em um lugar indevido, perderá o uso dela por "x" dias.

Consequências naturais são aquelas proporcionadas pela vida (e por Deus), em que o filho já colhe o fruto da sua ação num resultado desagradável.

O pai que livra o filho dos resultados das suas ações condena-o a repetir a experiência. Permita que a lição seja aprendida!

Não se apresse em poupar seu filho das consequências do seu pecado, e tome cuidado para não defendê-lo irracionalmente diante de professores, diretores, vizinhos ou colegas.

Verifique que ele faça a restituição devida quando um ato de desobediência, rebeldia, irresponsabilidade ou descuido resultar em danos materiais. Se for preciso, ajude-o a conseguir recursos com trabalhos feitos em casa.

# O valor real

*O preguiçoso mete a mão no prato
e não quer ter o trabalho de a levar à boca.*

PROVÉRBIOS 19:24

Quando o filho recebe tudo de "mão beijada", corre o risco de se tornar um preguiçoso. Ele precisa aprender o valor real do dinheiro em termos práticos, pela força exercida em favor de um projeto pessoal.

Toda criança deve ter tarefas normais que faz como membro da família, além de responsabilidades comuns, como manter seu quarto em ordem. Os pais podem preparar uma tabela para ser pendurada na geladeira ou na parede com os dias da semana e as tarefas a serem completadas. A criança ganha uma estrela ou outra marca no lugar de cada tarefa completada. Você pode lhe dar uma mesada modesta, mas cuidado para não dar a ideia de que os pais "devem" algo para o filho.

Para ajudar o filho a desenvolver uma ética de trabalho e ao mesmo tempo um conceito exato do valor do real, ofereça a ele oportunidades de trabalho ao redor da casa, com um valor 'x' por hora de serviço ou pelo projeto realizado. Assim, ele associará valores com seu *custo real* em termos de tempo e suor. E melhor ainda, valorizará muito mais aquilo que adquiriu com seu próprio esforço.

# Desrespeito e desonra

*O que maltrata a seu pai ou manda embora a sua mãe filho é que envergonha e desonra.*
PROVÉRBIOS 19:26

*Honra a teu pai e a tua mãe...*
EFÉSIOS 6:2

A falta de obediência e honra é uma das características dos últimos tempos (2Timóteo 3:2; Romanos 1:30-32). Hoje encontramos filhos processando os pais, terapeutas fazendo seus pacientes regressarem ao passado para descobrir traumas causados pelos pais e uma verdadeira cultura de vitimização em que ninguém está isento de culpa pelos traumas dos filhos.

Certamente há pais reprováveis que não são dignos do nome "pai" ou "mãe". Mas tomemos cuidado para não cair no erro de desrespeitar nossos progenitores, pelo simples fato de terem errado algumas vezes no caminho.

Não menos de NOVE VEZES a Palavra de Deus cita a ordem direta ou indireta de filhos honrarem os pais (Êxodo 20:12; Deuteronômio 5:16; Malaquias 1:6; Mateus 15:4; 19:19; Marcos 7:10; 10:19; Lucas 18:20; Efésios 6:2). A maneira como nos submetemos à autoridade dos pais reflete nossa submissão a Deus como Pai e autoridade suprema.

Deus não tolera pessoas que desrespeitam aqueles que Ele mesmo colocou como seus representantes na vida do filho.

Por amor a Deus e pelo bem dos filhos, os pais também não devem tolerar desrespeito vindo da parte deles.

Por isso, não admita que seu filho bata em você, xingue, grite com você, esperneie quando contrariado, choramingue, arregale os olhos em desafio, bata portas ou de qualquer outra forma se rebele contra sua autoridade; discipline-o rápida e prontamente, para que não seja disciplinado por um mundo muito mais cruel do que o amor paterno.

# Conhecido pelas ações

*Até a criança se dá a conhecer pelas suas ações,
se o que faz é puro e reto.*

PROVÉRBIOS 20:11

Muitos pais inventam desculpas para justificar o pecado dos filhos: "Ela é muito jovem... Ele é só um menino... Ele não dormiu bem ontem à noite... Ela aprontou porque não passou na prova".

Idade e circunstâncias não servem como desculpas para a desobediência! Não caia no erro de arranjar desculpas para o pecado. O pecado revela o coração.

Nesses momentos os pais devem parar tudo e aproveitar a oportunidade de lidar não somente com o ato de desobediência em si, mas com as atitudes, motivações e os propósitos do coração por trás da ação. Aponte não apenas para o pecado, mas também para a graça disponível na obra final de Cristo na cruz. Transforme um momento de pecado numa oportunidade para o evangelho!

Talvez seja mais difícil lidar com uma criança que parece quase nunca precisar de correção. Sua desobediência pode ser mais passiva, mas ainda existe, e os pais terão que trabalhar ainda mais para revelar a natureza do seu coração, sondando atitudes e motivações.

# Hora de acordar

*Não ames o sono, para que não empobreças;
abre os olhos e te fartarás do teu próprio pão.*

PROVÉRBIOS 20:13

*Ó preguiçoso, até quando ficarás deitado?
Quando te levantarás do teu sono?*

PROVÉRBIOS 6:9

A *National Sleep Foundation* (Fundação Nacional do Sono) faz as seguintes recomendações para o sono necessário por dia aos nossos filhos:

- 1-2 anos: 11 a 14 horas
- 3-5 anos: 10 a 13 horas
- 6-13 anos: 9 a 11 horas
- 14-17 anos: 8 a 10 horas[2]

Há exceções, pois cada filho é único, mas essas diretrizes norteiam os pais em termos do descanso normal por faixa etária. Dormir demais ou de menos pode ser prejudicial à saúde física, emocional e intelectual, bem como afetar o desempenho do filho na vida.

---

[2] https://sleepfoundation.org/excessivesleepiness/contenthow-much-sleep-do-babies-and-kids-need.

Os filhos precisam ter hora para dormir e hora para acordar. Certamente há espaço para flexibilidade, pois o sono não é deus. Embora haja exceções – nas férias, por exemplo –, em termos gerais, os pais devem estabelecer um horário para eles acordarem e se levantarem. Seria bom também dar uma razão para isto: completar alguma tarefa em casa, treinar um instrumento, ler por meia hora, fazer hora silenciosa etc. Ficar dormindo até o horário do almoço prepara o caminho para um estilo de vida preguiçoso (veja Provérbios 6:6).

# O filho e o pai pródigos

*A posse antecipada de uma herança
no fim não será abençoada.*

PROVÉRBIOS 20:21

O filho pródigo desprezou seu pai ao pedir sua parte da herança de forma antecipada. Naquela cultura seria como se o filho desejasse a morte prematura do próprio pai. No fim, o filho desperdiçou a herança e comeu comida de porcos (Lucas 15:11-32).

Não somente o filho pródigo, mas o pai que concede uma herança indevida aprende uma dura lição. "Pais pródigos" entregam tudo de mão beijada à próxima geração, sem verificar se os filhos realmente estão prontos para usufruir desse benefício.

Isso não significa que os pais não podem abençoar seus filhos com bens materiais ou até mesmo com parte da sua herança ainda em vida; em alguns casos, é o privilégio dos pais poderem curtir a alegria e gratidão dos filhos e netos ao receberem presentes especiais como parte da herança antecipada.

Mas os pais precisam tomar cuidado, ao mesmo tempo, para não correr o risco de cortar o "casulo" do filho sem permitir que aprenda a lutar pela própria sobrevivência. A borboleta que não se fortalece pelo sofrimento logo morre. Cuidado para não tornar a vida fácil demais para a próxima geração.

# Dureza no rosto

*O homem perverso mostra dureza no rosto,
mas o reto considera o seu caminho.*

PROVÉRBIOS 21:29

*São os olhos a lâmpada do corpo.
Se os teus olhos forem bons,
todo o teu corpo será luminoso;
se, porém, os teus olhos forem maus,
todo o teu corpo estará em trevas.
Portanto, caso a luz que em ti há sejam trevas,
que grandes trevas serão!*

MATEUS 6:22,23

Estude o rosto do seu filho, especialmente os olhos, para saber o que se passa no coração dele. Expressões não verbais, mas corporais, às vezes falam muito mais alto que palavras da boca pra fora.

Atitudes do coração inevitavelmente manifestam-se na fisionomia da criança. Não ignore a rebeldia no olhar ou o desrespeito na expressão! Essa *dureza no rosto* dá chance para o pai trabalhar o interior do filho e representa uma oportunidade para atingir o coração. Não se contente com obediência externa. Mire o espírito da criança.

Quando o coração do seu filho parece ser descortinado para revelar atitudes desagradáveis, tome tempo para sondá-lo e verificar se, de fato, existe um problema. Pergunte: "Filho, aquela porta bateu por causa do vento, ou você estava irado? Filho, você gostaria de repetir o que acabou de dizer, só que, desta vez, com mais respeito? Você parece estar frustrado, filho. Pode me dizer a razão?"

# Pais consagrados

*Ensina a criança no caminho em que deve andar,
e, ainda quando for velho, não se desviará dele.*

PROVÉRBIOS 22:6

Muitos pais gostam de fazer a apresentação de seus filhos num culto especial na igreja. A prática encontra precedente na primeira parte desse versículo. A palavra traduzida como *ensina* foi usada na Bíblia com referência a prédios, altares, templos e muros que foram "consagrados", "dedicados", "santificados" (separados para um uso especial).

Aplicada à vida da criança, inclui a ideia de uma iniciação num caminho claramente designado pelo Senhor. A consagração começa com os próprios pais. Saiba que Deus espera que você, como pai ou mãe, coloque não somente seu filho, mas sua própria vida no altar.

Imagine um pai que coloca uma picareta na mão do seu filho recém-nascido com a instrução: "Cave uma bela valeta, filho!" Seria absurdo! Mesmo que a criança conseguisse segurar a picareta, a valeta que cavaria seria um desastre.

Deus chama os pais para cavarem uma trilha para seus filhos, um caminho já traçado pelo "prumo de pedreiro" – a Palavra dele. Os pais vão adiante, cavando essa valeta bíblica. No início, a criança tenta "pular fora" dela. Não desista de discipliná-la, trazendo-a de volta! Mais tarde, o filho começa a cavar ao lado dos pais. No fim, cava sozinho. Mesmo que os pais não estejam mais por perto dando seus palpites, o filho assim treinado normalmente continua no caminho do Senhor (há possibilidade de exceções, pois os provérbios não são promessas absolutas). Pais, não deixem de seguir o prumo e nunca empurrem seu filho para achar seu próprio caminho.

# O cadarço puxado

*Ensina a criança no caminho em que deve andar, e, ainda quando for velho, não se desviará dele.*

PROVÉRBIOS 22:6

Assim como os outros provérbios, esse texto resume um *princípio* de vida que exige uma dependência total da graça e da soberania de Deus. Ao mesmo tempo, não significa simplesmente mandar seu filho para uma classe religiosa, nem ensina que talvez o filho se desvie do Senhor na adolescência, mas que um dia voltará... Talvez isso aconteça, mas como vai voltar? Viciado? Doente? Preso? Grávida?

O versículo ensina que a criança treinada nos caminhos do Senhor 24-7 (24 horas por dia, 7 dias por semana) *normalmente* ficará sempre nessa trilha, que conhece desde a infância! Continuará seguindo e servindo ao Senhor, mesmo quando os pais estiverem distantes ou até mesmo mortos.

Para isso, os pais precisam deixar um exemplo de fidelidade e liderança. Imagine alguém que tenta *empurrar* um cadarço de tênis sobre uma superfície lisa. O cadarço se desdobra, fica enrolado, se arrasta e recusa avançar. Mas tente *puxar* o mesmo cadarço. Segue numa linha reta, na força da mão que puxa.

Da mesma forma, Deus chama os pais não para *empurrar* seus filhos, mas para puxá-los pela instrução e pelo **exemplo** de vida. O pai que empurra encontrará resistência e enrolação. O pai que puxa terá um filho que anda numa linha reta por toda a vida.

# Dívida

*O rico domina sobre o pobre,
e o que toma emprestado é servo do que empresta.*

PROVÉRBIOS 22:7

*A ninguém fiqueis devendo coisa alguma, exceto o amor
com que vos ameis uns aos outros;
pois quem ama o próximo tem cumprido a lei.*

ROMANOS 13:8

Tomar emprestado não é pecado, mas pode ser tolice. O conselho das Escrituras sempre é favorável ao emprestar *para* (veja Provérbios 3:27,28), mas desencoraja, dentro do possível, o emprestar *de*.

Certamente existem situações em que parcelar pagamentos, pagar com cartão de crédito ou financiar um negócio representam decisões sábias. Mas, via de regra, os pais devem ensinar os filhos a evitar toda e qualquer forma de dívida, pois, segundo esse texto, implica escravidão.

No conceito bíblico, "dívida" não é emprestar algo de alguém. "Dívida" é emprestar e não cumprir o compromisso de pagar. Os pais devem verificar que os filhos sempre devolvam o que tomam emprestado – seja uma roupa da irmã, um brinquedo do irmão, alguns reais dos pais – e dentro do tempo estipulado.

Como família, procurem sempre evitar a tentação de pegar agora, pagar depois. Ensine seus filhos a ter um orçamento simples e a guardar parte das suas entradas para compras maiores no futuro – e com isso, pleitear um desconto pelo pagamento à vista.

Explique como funcionam cartões de crédito, juros, correção monetária e o sistema bancário. Mostre as tragédias na vida real de dívidas não pagas. Não facilite dívida na vida do seu filho. Não seja cúmplice na sua escravidão futura à droga da dívida. Mostre os benefícios em termos de paz e liberdade de não ser refém de ninguém por causa das dívidas.

# A natureza pecaminosa

*A estultícia está ligada ao coração da criança,
mas a vara da disciplina a afastará dela.*

Provérbios 22:15

*Eu nasci na iniquidade,
e em pecado me concebeu minha mãe.*

Salmos 51:5

A Bíblia não deixa dúvidas: a criança nasce com uma natureza pecaminosa. A criança quer o que quer, quando quer, e ai da pessoa que fica entre ela e seu objetivo. Não é seu ambiente, seu condicionamento, muito menos os supostos traumas que experimentou na vida que a levam para o mal. Ela é responsável pela sua reação pecaminosa ao pecado.

Em Provérbios, "estultícia" no coração representa pecado. Ninguém precisa ensinar a criança a ser egoísta – egoísmo vem como herança dos próprios pais, parte inerente do ser humano!

Mas, perguntamos, como a disciplina *afasta* a estultícia (pecado) da criança? A resposta é que disciplina sempre envolve algum tipo de dor. Pode ser no bumbum da criança, que arde alguns segundos depois de receber a correção *homeopática* dos pais. Pode ser a dor por alguns privilégios perdidos. Essa disciplina servirá como lembrança para o filho de que *todos pecaram e carecem da glória de Deus* (Romanos 3:23). A dor tem como alvo expor o coração pelo que realmente é – pecaminoso e *desesperadamente corrupto* (Jeremias 17:9).

A tarefa dos pais é: levar o filho a encontrar a solução para o seu pecado em Cristo Jesus, e isso acontecerá muitas vezes através da disciplina coerente, consistente e graciosa.

# O iracundo

*Não te associes com o iracundo,
nem andes com o homem colérico,
para que não aprendas as suas veredas
e, assim, enlaces a tua alma.*

PROVÉRBIOS 22:24,25

Os pais precisam lidar com a ira dos filhos desde cedo. Nos primeiros meses da vida a mamãe consegue discernir entre o choro do seu bebê que é por necessidade (fralda suja, fome, cólica) e aquele que é por chatice mesmo, uma expressão de raiva que vaza nos gritos.

A situação só piora com a idade, especialmente se os pais não ensinarem e exemplificarem como lidar com esse monstro que está em todos nós, mas que se manifesta em algumas crianças de forma mais exagerada.

Um dos fatores que exacerbam a ira é a companhia com outras pessoas iracundas. O exemplo negativo dos pais também complica, pois a criança facilmente imita as explosões de raiva que presencia na vida do papai ou da mamãe. Os pais também devem vigiar: o tipo de programas a que a criança assiste; os *videogames* que joga e os colegas com quem tem amizade.

Quando há demonstrações de ira, por exemplo, ao perder um jogo, os pais devem trabalhar o coração do filho. Ira normalmente reflete um desejo que foi bloqueado (veja Tiago 4:1,2) e que representa um ídolo que domina o coração (Ezequiel

14:1-7) ao ponto de ser mais importante que o relacionamento com a outra pessoa. Pais pacientes apontam esse ídolo e ajudam o filho a destronizá-lo.

# Fiança

*Não estejas entre os que se comprometem e ficam por fiadores de dívidas, pois, se não tens com que pagar, por que arriscas perder a cama de debaixo de ti?*

PROVÉRBIOS 22:26,27

*Filho meu, se ficaste por fiador do teu companheiro e se te empenhaste ao estranho, estás enredado com o que dizem os teus lábios, estás preso com as palavras da tua boca. [...] livra-te, como a gazela, da mão do caçador e, como a ave, da mão do passarinheiro.*

PROVÉRBIOS 6:1,2,5

Quando alguém se compromete pela dívida de outrem, torna-se fiador. Fiança é a pior forma de dívida, pelo fato de que o fiador tem a responsabilidade de pagar o empréstimo sem usufruir o bem. Se uma dívida qualquer já significa escravidão para o endividado (Provérbios 22:7), muito pior é para o fiador. Por isso o pai em Provérbios repetidas vezes clama ao filho para fugir da fiança (veja também 11:15; 17:18; 20:16; 27:13).

A única exceção à regra da fiança seria uma situação em que o fiador estaria disposto a pagar toda a dívida, caso fosse necessário, sem por isso sentir ressentimento ou mágoas ou criar obstáculos para o relacionamento. Seria o caso, por exemplo, quando os pais ficam como fiadores para ajudar seu filho a alugar um apartamento. Se algo acontecer e o filho não puder pagar, os pais terão o maior prazer em socorrer o filho. Dessa forma, a fiança equivale a contribuição e pode ser feita.

Os pais devem tomar tempo para explicar aos filhos como funciona a fiança e exortá-los a fugir dela.

# Tradições familiares

*Não removas os marcos antigos que puseram teus pais.*
PROVÉRBIOS 22:28

"Tradição" é diferente de "tradicionalismo". A tradição reconhece e respeita o passado, enquanto o tradicionalismo o idolatra. As tradições servem como elo entre o presente e o passado, preservando valores e um senso de identidade; o tradicionalismo preserva o passado simplesmente porque é passado.

Provérbios adverte contra a mudança de marcos antigos, texto que remete a Deuteronômio 19:14: *Não mudes os marcos do teu próximo, que os antigos fixaram na tua herança, na terra que o Senhor, teu Deus, te dá para a possuíres.* A preocupação parece ser dupla – com a *propriedade* da família em si e com a *preservação* de territórios entregues por Deus às doze tribos de Israel e repassados de geração a geração.

Nós também devemos nos preocupar com a preservação, se não de patrimônio, pelo menos do legado que recebemos dos antepassados.

Quais as tradições familiares que vocês herdaram? Estão repassando-as para seus filhos? Se não as têm, que tal fincar seus próprios marcos para os filhos? Celebrações de aniversários, datas especiais, feriados, férias, ceias, enfeites, cultos familiares, todos podem ser *marcos* que deixam *marcas* por muitas gerações. E se vocês ainda não têm ou não lembram de tradições, hoje é o melhor dia para começar suas próprias tradições familiares.

# Capricho no serviço

*Vês a um homem perito na sua obra?*
*Perante reis será posto; não entre a plebe.*

PROVÉRBIOS 22:29

"**C**omo é hoje, assim será amanhã." Se o filho criar o hábito de fazer suas tarefas de qualquer jeito hoje, seu trabalho será "de qualquer jeito" amanhã. O princípio bíblico ecoa essa ideia quando declara que *Quem é fiel no pouco também é fiel no muito* (Lucas 16:10).

Para ser excelente, seu filho não precisa ser o melhor aluno, atleta ou músico da sua turma. Ensine aos filhos esta fórmula:

**Fidelidade + perseverança = excelência**

Mãe e pai, vocês têm a responsabilidade de ajudar os filhos a fazer o melhor possível, dentro de suas habilidades (e não além delas): *Tudo quanto fizerdes, fazei-o de todo o coração, como para o Senhor e não para homens* (Colossenses 3:23).

Verifique que suas tarefas de casa, suas responsabilidades domésticas, seus projetos de escola bíblica dominical e seus ministérios sejam realizados com dedicação e capricho, o que inclui o preparo, a pontualidade e a perseverança.

# A morte prematura

*Não retires da criança a disciplina,
pois, se a fustigares com a vara, não morrerá.
Tu a fustigarás com a vara
e livrarás a sua alma do inferno.*

PROVÉRBIOS 23:13,14

Espancamentos e maus-tratos de filhos são problemas sérios hoje, provocados pela maldade desenfreada do coração humano. Mas um problema que leva à morte prematura de muito mais crianças é a *falta* de disciplina no lar.

Pais e mães são cúmplices nessas mortes quando seguem conselhos antibíblicos que denunciam toda e qualquer forma de disciplina corporal. A disciplina bíblica, administrada por pais pacientes, que são autoridades sem ser autoritários; firmes, mas compassivos; que abraçam depois que disciplinam; pode livrar o filho de uma morte prematura.

A "vara da disciplina" não se trata de espancamentos, mas de uma pequena dor artificial, mediada por pais amorosos, mas consistentes, cujo alvo é livrar o filho do seu pecado. E esse livramento somente pode acontecer se o filho tiver uma experiência pessoal com Jesus Cristo, através da sua obra na cruz.

A correção corporal arde na "poupança" e faz a criança acordar para a realidade de sua natureza pecaminosa. Essa é a hora para os pais ministrarem a graça de Jesus – mostrando que somente Ele pode tirar a "estultícia" do coraçãozinho, e que Ele morreu e ressuscitou para que a criança não fique de castigo para todo o sempre. Longe de ser uma experiência negativa, o uso da vara – um instrumento flexível QUE NÃO DEVE MACHUCAR A CRIANÇA – por pais carinhosos pode ser o que levará seu filho a receber Jesus como seu Salvador.

# Andando de bicicleta

*Filho meu, se o teu coração for sábio,
alegrar-se-á também o meu; exultará o meu íntimo,
quando os teus lábios falarem coisas retas. [...]
Dá-me, filho meu, o teu coração,
e os teus olhos se agradem dos meus caminhos.*

PROVÉRBIOS 23:15,16,26

Dizem que imitação é a maior forma de elogio. Como os pais vibram quando observam o filho tentando fazer a barba junto com o pai, ou cuidando da boneca como a mãe faz com a irmãzinha recém-nascida! Mas nada se compara com a alegria dos pais quando os filhos escolhem seguir o seu modelo de vida.

Qualquer pai que já ensinou seu filho a andar de bicicleta reconhece a tensão entre segurar a bicicleta e proteger o filho enquanto dá as primeiras pedaladas, e soltar as mãos quando o filho começa a andar sozinho. Saber quando segurar e quando soltar também representa um dos nossos maiores desafios na educação dos filhos.

À medida que os pais percebem que o filho está adotando um estilo de vida digno, devem honrá-lo dando-lhe mais e mais liberdade junto com maior responsabilidade. Aos poucos, devem "soltar" o filho – mas sempre sob o seu olhar cuidadoso, vigiando o coração dos filhos.

# O coração da questão

*Dá-me, filho meu, o teu coração,
e os teus olhos se agradem dos meus caminhos.*

PROVÉRBIOS 23:26

Alcançar o coração do filho é o alvo da paternidade. Não nos contentamos com o comportamento externo, embora também seja um indicador do estado do coração (Provérbios 20:11). Queremos que o filho seja autogovernado, que não mais precise da vigilância de um pai olhando por cima dos seus ombros a cada momento. Não queremos criar um pequeno robô, mas alguém com motivação e valores internos.

Queremos que Cristo reine em seu coração, e não seu ego. Para isso, os pais precisam sempre sondar as atitudes do coração, e não somente o comportamento. Esse tipo de relacionamento custa caro, pois exige tempo de quantidade e de qualidade: longas horas de conversa, muita oração, cobrança de atitudes negativas e explicações das razões por trás das nossas ordens.

Também inclui muitos momentos de lazer, que criam oportunidades para pais e filhos conversarem sobre a vida sem um ar de tensão. Os pais podem marcar encontros individuais ocasionais com seus filhos (um café da manhã na padaria local; um sorvete ou lanche da tarde) para conversar sobre relacionamentos, planos para o futuro, namoro, noivado e mais.

# A "galera"

*Teme ao Senhor, filho meu,
e ao rei e não te associes com os revoltosos.
Porque de repente levantará a sua perdição,
e a ruína que virá daqueles dois, quem a conhecerá?*

PROVÉRBIOS 24:21,22

*Filho meu, se os pecadores querem seduzir-te, não o
consintas. [...] Filho meu, não te ponhas a caminho
com eles; guarda das suas veredas os pés [...].
Estes se emboscam contra o seu próprio sangue
e a sua própria vida espreitam.*

PROVÉRBIOS 1:10,15,18

Dizem que o homem é conhecido pelas companhias que mantém. Ainda que o seu filho não seja um rebelde, pagará o mesmo preço que o rebelde se for apanhado junto com ele.

Pergunte para seu filho se ele consegue identificar colegas na escola que considera rebeldes. Como eles são reconhecidos? Podem até ser populares, mas mais cedo ou mais tarde pagarão um preço alto por isso.

Mostre para seu filho o perigo, na vida real, de ficar com a galera dos revoltosos. Leia Provérbios 1:10-19 para descobrir alguns desses perigos. Explique que sujeira só espalha; a doença é que se pega, não a saúde.

# Pronto para casar

*Cuida dos teus negócios lá fora, apronta a lavoura no campo e, depois, edifica a tua casa.*

PROVÉRBIOS 24:27

Preparamos nossos filhos para quase tudo na vida, menos para o casamento! Pagamos (e caro!) por aulas de inglês, de piano, escolinha de futebol, informática, cursinho e faculdade. Mas o que estamos fazendo para prepará-los para a instituição sagrada do casamento?

Esse versículo de Provérbios encoraja um bom preparo, principalmente no sentido material, mas que pode também incluir o espiritual, antes de constituir um novo lar. Comece cedo a investir nas habilidades e qualidades de caráter de seu filho que lhe servirão bem no futuro casamento.

Trabalhe o propósito do namoro como fase preparatória para o casamento. Estabeleça uma idade ou fase da vida em que namorar será legítimo porque ele ou ela está chegando perto de ter as condições necessárias para constituir uma família.

Cuidado com o namoro precoce, quando o jovem não tem a mínima condição de pensar em casamento. Passar anos a fio num relacionamento de namoro pode ser uma fórmula de desastre e significar muita perda de tempo ou de foco.

# Comunicação direta

*Pleiteia a tua causa diretamente com o teu próximo
e não descubras o segredo de outrem.*

PROVÉRBIOS 25:9

*Se teu irmão pecar [contra ti], vai argui-lo entre ti e ele só.
Se ele te ouvir, ganhaste a teu irmão.
Se, porém, não te ouvir, toma ainda contigo uma ou
duas pessoas, para que, pelo depoimento de duas ou três
testemunhas, toda palavra se estabeleça.*

MATEUS 18:15,16

A próxima vez que seu filho chegar reclamando do irmão, pergunte-lhe se já falou diretamente com ele. Poupe muito de sua própria energia e estado emocional, ensinando seus filhos a resolverem seus próprios conflitos com uma boa comunicação direta.

Se não conseguirem resolver a questão entre si, avise-os de que seu apelo aos pais provavelmente custará uma disciplina para pelo menos um deles. Assim, a maioria das queixas será resolvida sem ter que levá-las diante do "juiz".

Uma vez tratada a questão, o assunto morreu. Falar para outros a respeito já constitui outro pecado: a fofoca.

# Moderação na refeição

*Achaste mel? Come apenas o que te basta,
para que não te fartes dele e venhas a vomitá-lo.*

PROVÉRBIOS 25:16

Além de ser saudável, é sinal de boa etiqueta ser moderado na comida – e em toda a vida! Ajude seu filho pequeno a fazer seu prato, servindo-se somente do que ele é capaz de comer, especialmente em festas e outros eventos públicos.

Ensine seu filho adolescente a ser moderado ao se servir, sempre pegando porções adequadas, não exageradas, deixando o suficiente para aqueles que se servirão depois. Ele nunca deve deixar comida no prato – é melhor pegar pouco e voltar a se servir do que encher o prato e desperdiçar. (Esta dica vale para os pais também!)

Falando em moderação e boas maneiras à mesa, a seguir apresentamos alguns princípios para os pais ensinarem aos filhos:

- Evitar tópicos "grosseiros" (tais como sangue, vômito, doenças e acidentes) enquanto sentado à mesa.
- **Não** começar a comer até que todos sejam servidos.
- Ficar atento para ajudar a servir pessoas que não conseguem alcançar pratos mais distantes.
- Não falar com sua boca cheia ou mastigar com a boca aberta.

- Não reclamar ou fazer comentários negativos sobre a comida, mas sim elogiar e agradecer à pessoa que a preparou.
- Nunca brincar com sua comida.
- Não jogar fora comida que você mesmo colocou no seu prato, mas comer tudo.
- Pedir licença para sair da mesa.

# Isolando o insensato

*Não respondas ao insensato segundo a sua estultícia,
para que não te faças semelhante a ele.*

PROVÉRBIOS 26:4

*... evitem contendas de palavras que para nada aproveitam,
exceto para a subversão dos ouvintes. [...]
E repele as questões insensatas e absurdas,
pois sabes que só engendram contendas.*

2TIMÓTEO 2:14,23

Há ocasiões em que os pais terão que simplesmente *afastar* um ou mais filhos que estejam demonstrando atitudes ruins, ou batendo boca, ou contestando uma decisão dos próprios pais. Uma boa técnica ANTES do filho pecar é um tempo de isolamento de outros membros da família. Normalmente não funciona com crianças muito pequenas, que não vão "refletir na vida" no tempo a sós. Também não se recomenda como método disciplinar depois que o filho já pecou.

Mas, quando o filho está beirando um comportamento tolo, talvez precise de um "tempo fora". Quando começa a debater com os pais de forma desrespeitosa, também pode ter um tempo à parte.

Nessas horas, a melhor coisa é pedir para ele se isolar dos seus irmãos e do resto da família até que todos possam esfriar a cabeça e tratar da situação com calma.

# Reprimindo a tolice

*Ao insensato responde segundo a sua estultícia,
para que não seja ele sábio aos seus próprios olhos.*

PROVÉRBIOS 26:5

Enquanto há situações em que o melhor remédio é o isolamento da criança, conforme Provérbios 26:4 (o versículo imediatamente antes desse), a sabedoria paterna terá que decidir quando confrontar e quando afastar a criança. Parece que os dois versículos se contradizem, mas o fato de terem sido colocados lado a lado sugere uma lição maior. Ou seja, que os pais precisam usar sabedoria para resolver quando isolar e quando confrontar o insensato.

A chave parece ser determinar até que ponto a atitude da criança irá contaminar aqueles que estão ao seu redor. Em vez de descer até o nível da sua estultícia, começar um bate-boca ou tentar justificar suas decisões, os pais precisam confrontar atitudes e comportamentos potencialmente perigosos, evitando assim que o filho se torne *sábio aos seus próprios olhos*.

# Sábio aos próprios olhos

*Tens visto a um homem que é sábio a seus próprios olhos?
Maior esperança há no insensato do que nele.*

Provérbios 26:12

*Não sejas sábio aos teus próprios olhos;
teme ao Senhor e aparta-te do mal.*

Provérbios 3:7

A criança *sábia aos seus próprios olhos* nunca sairá da estultícia, pois não ouve o suficiente para crescer. Humildade é um dos principais ingredientes na receita da sabedoria.

Fique atento para os sinais dessa *autossuficiência* em seu filho e tome providências imediatas para corrigi-lo quando...

- Fala, mas não quer ouvir.
- É um sabe-tudo, que pensa que sabe mais que os pais.
- Discute, inventa desculpas e resiste quando repreendido.
- Recusa olhar nos olhos quando está sendo instruído.
- Insiste em fazer as coisas do seu jeito.
- Rejeita disciplina.
- Mostra no rosto e na linguagem corporal atitudes de irritação, impaciência e rebeldia quando confrontado.
- Tenta corrigir os pais ou instruí-los como serem pais.
- Critica todos, mas não vê os mesmos defeitos em si mesmo.
- Trata outros com desdém.

# "Foi uma brincadeira..."

*Como o louco que lança fogo, flechas e morte, assim é o homem que engana a seu próximo e diz: Fiz isso por brincadeira.*
PROVÉRBIOS 26:18,19

*O coração alegre aformoseia o rosto, mas com a tristeza do coração o espírito se abate.*
PROVÉRBIOS 15:13

*O coração alegre é bom remédio, mas o espírito abatido faz secar os ossos.*
PROVÉRBIOS 17:22

Um lar cheio de risos é um lar saudável. A família em que o bom senso de humor foi podado parece ter sido batizada em suco de limão misturado com vinagre.

Verifique que o seu lar seja alegre e equilibrado. Herbert Procknow disse que uma pessoa bem equilibrada é aquela que consegue rir dos dois lados de uma questão. Piadas apropriadas, programas humorísticos, brincadeiras de bom gosto têm um lugar privilegiado em tornar até mesmo a tristeza em alegria. Como diz o ditado, "O otimista ri para esquecer; o pessimista esquece de rir" (Tom Nansbury).

Mas cuidado! Há brincadeiras e brincadeiras... Ensine ao seu filho um princípio que deve ser regra em sua casa: brincadeiras são divertidas somente quando *todo mundo* se diverte! Se uma brincadeira é de mau gosto para alguém, não é mais brincadeira, mas uma ofensa, que deve ser evitada.

# Amigos de verdade

*Não abandones o teu amigo,
nem o amigo de teu pai [...].
Como o ferro com o ferro se afia,
assim, o homem, ao seu amigo.*

PROVÉRBIOS 27:10,17

Ajude seu filho a desenvolver amizades verdadeiras. Encoraje-o a ser sensível às necessidades, presente nas dificuldades e fiel nas adversidades do amigo. Ensine-o a confrontar com coragem os defeitos de caráter do companheiro, mas sempre atento para as falhas em sua própria vida (Gálatas 6:1). Ensine a ele que os melhores casamentos começam com amizades profundas. Acima de tudo, lembre-se de que um bom amigo provoca melhoras no caráter do colega, e o que conduz para o mal não é amigo de verdade.

Algumas sugestões para pais no ensino sobre relacionamentos saudáveis:

1. Dar instrução contínua (formal e informal, ensino e exemplo) sobre amizade, sexualidade, namoro, casamento.
2. Estabelecer um "pacto familiar" antes que seus filhos atinjam a adolescência, com padrões de amizade/namoro mutuamente aceitáveis.
3. Buscar o tipo de relacionamento aberto em que seus filhos possam procurá-lo quando estiverem com dificuldades em seus relacionamentos.

4. Sair periodicamente e individualmente com cada filho para conversas abertas e francas sobre relacionamentos.
5. Convidar os amigos dos seus filhos a passarem tempo na sua casa para que você possa conhecê-los melhor.
6. Acompanhar de perto o namoro e noivado dos seus filhos.

# Autolouvor

*Seja outro o que te louve, e não a tua boca;*
*o estrangeiro, e não os teus lábios.*

PROVÉRBIOS 27:2

*Comer muito mel não é bom;*
*assim, procurar a própria honra não é honra.*

PROVÉRBIOS 25:27

Certa vez alguém disse, "Orgulho é a doença que deixa todo mundo doente, menos a pessoa que a tem".

Ninguém gosta da pessoa que só faz elogios a si mesma. Essa forma doentia de chamar a atenção quase sempre falha. Revela um coração carente, descontente e preocupado consigo mesmo.

Ajude o seu filho a deixar que outros lhe façam elogios. Autolouvor pega mal e, muitas vezes, leva a um resultado oposto do esperado – as pessoas desconfiam de quem se acha no dever de elogiar a si mesmo.

Por outro lado, ensine o seu filho a ficar atento às qualidades e habilidades em outras pessoas que ele possa admirar. Ao mesmo tempo, como pai ou mãe, esteja sempre pronto para elogiar o filho e reconhecer seus esforços e desempenho.

# A credibilidade dos pais... e avós

*Sê sábio, filho meu, e alegra o meu coração,
para que eu saiba responder àqueles que me afrontam.*

PROVÉRBIOS 27:11

*Coroa dos velhos são os filhos dos filhos;
e a glória dos filhos são os pais.*

PROVÉRBIOS 17:6

*Feliz o homem que enche deles* [filhos da mocidade]
*a sua aljava; não será envergonhado,
quando pleitear com os inimigos à porta.*

SALMOS 127:5

Filhos sábios dão tremenda credibilidade aos pais. Os netos ainda mais. Dizem que a verdadeira prova da nossa paternidade não são nossos filhos, mas os netos (veja 2Timóteo 2:2). Isso porque sabemos que a transmissão da nossa fé para os filhos foi um sucesso quando eles, por sua vez, repassam a fé para seus filhos.

Nossos filhos (e netos) são nossa primeira linha de defesa quando somos atacados ou desacreditados por outros. Se nossos filhos podem se levantar e defender nosso caráter, não importa o que outros dizem a nosso respeito.

Nada substitui a credibilidade de um pai ou uma mãe cujos filhos mostram-se sábios no falar e agir. Mesmo que você esteja enfrentando crises fora de casa, alegre-se com o fato de que sua família está ao seu lado. Quando nossos próprios filhos nos respeitam e espelham a sabedoria divina, podemos enfrentar qualquer obstáculo, inimigo ou dificuldade com coragem.

# Boas maneiras

*O que bendiz ao seu vizinho em alta voz, logo de manhã,
por maldição lhe atribuem o que faz.*

PROVÉRBIOS 27:14

*Nada façais por partidarismo ou vanglória,
mas por humildade, considerando cada
um os outros superiores a si mesmo.*

FILIPENSES 2:3

Boas maneiras sempre exigem que pensemos no outro acima de nós mesmos. Essa foi a atitude sempre exemplificada por Jesus. Princípios de etiqueta normalmente não são regras arbitrárias criadas por "esnobes", mas representam tentativas de praticar a preciosidade *dos outros*. O vizinho que cumprimenta seu colega em alta voz de madrugada revela uma despreocupação com o bem-estar de quem mora ao lado. Pessoas egoístas só se preocupam com seu próprio bem-estar e desconsideram quem vem atrás delas.

Ensine seu filho a ter sensibilidade para com os que estão ao seu redor, através de boas maneiras que valorizam o outro acima de si mesmo. A seguir, algumas regras de boas maneiras para começar a treinar seus filhos a pensar primeiro nos outros:

**Em geral**
- Ninguém deve interromper uma conversa, mas esperar sua vez de falar.

- Não falar alto, dominar a conversa, fazer perguntas pessoais ou íntimas, usar palavrões ou palavras indiscretas, chamar atenção para si mesmo ou falar mal de outras pessoas.
- Nunca "furar fila", correr na frente de outros para ser servido primeiro, nem pegar porções grandes demais ou que talvez signifiquem que outros vão ficar sem o suficiente.
- Não remanejar os móveis ou decorações na casa dos outros (para protegê-los dos seus filhos).

**Em casa**
- Levantar na presença dos mais velhos quando entram na sala (Levítico 19:32).
- Desligar a televisão ao receber uma visita.
- Não deixar roupas sujas e objetos pessoais no chão ou "esquecidos" ao redor da casa.
- Não sujar múltiplos copos, pratos etc. e deixá-los para outro lavar.
- Não deixar uma última folha no rolo de papel higiênico só para não ter que trocá-lo.
- Abaixar a tampa do vaso sanitário!
- Limpar a pia/o chuveiro depois de usá-los.

**Em público**
- Cumprimentar pessoas com um sorriso e interesse genuíno em seu bem-estar.
- Sempre deixar um lugar que você visitou (parque, praia, *camping*, floresta etc.) mais limpo do que quando você chegou.
- Nunca jogar ou deixar lixo no chão.
- Oferecer seu assento para pessoas idosas, gestantes, debilitadas ou com crianças pequenas (NUNCA sentar-se ou estacionar em lugares designados para essas pessoas!).
- Não estragar a natureza, tirando flores ou plantas, deixando marcas em árvores etc.

**Na igreja**
- Não correr ou brincar no pátio da igreja ou em outros lugares onde pessoas idosas ou debilitadas congregam.
- Não atrapalhar o andamento de culto público por:

  chegar atrasado;
  levantar e sair;
  passar bilhetes;
  brincar no celular;
  conversar;
  deixar seu bebê chorar;
  usar roupa indecente;
  permitir que seu filho desvie a atenção do Senhor por fazer "gracinhas".

# Mordomia

*Procura conhecer o estado das tuas ovelhas e cuida dos teus rebanhos, porque as riquezas não duram para sempre, nem a coroa, de geração em geração.*

PROVÉRBIOS 27:23,24

**D**ificilmente seu filho terá ovelhas para cuidar. Mas o princípio de conhecer e cuidar bem daquilo que possui transfere-se da fazenda para o quarto. Nossos filhos precisam aprender agora a cuidar dos bens que Deus lhes confiou, se quiserem uma posição de responsabilidade maior no futuro.

Verifique que ele ou ela cuide bem de seus pertences: celular, skate, bicicleta, som, roupas, livros e brinquedos. Insista que mantenha seu quarto em condições razoáveis, pronto para receber visitas a qualquer hora. Não permita que acumule lixo no armário, debaixo da cama ou no chão. Se for preciso, prepare um *checklist* de itens a serem verificados antes que ele participe de outras atividades.

Provérbios nos lembra que *Quem é negligente na sua obra já é irmão do desperdiçador* (Provérbios 18:9). Se o filho não for fiel no pouco, também será infiel no muito. Se ele insistir em não cuidar de algo que tem, seria interessante confiscá-lo por alguns dias, até que aprenda a boa mordomia.

# Hipocrisia e transparência

*O que encobre as suas transgressões jamais prosperará; mas o que as confessa e deixa alcançará misericórdia.*

PROVÉRBIOS 28:13

Os filhos têm um sexto sentido capaz de farejar a hipocrisia de longe. Talvez seja o principal fator que afasta filhos adolescentes dos pais. Alguns indicadores de hipocrisia nos pais incluem:

- O padrão duplo ("faça o que falo, não faça o que faço").
- Exigências e expectativas irreais.
- Foco em comportamento externo *versus* o coração.
- Atenção e carinho dados para outros fora de casa, mas impaciência e ira dentro de casa.
- Regras rígidas, mas sem relacionamento afetuoso nem explicação.

O desafio para os pais é viver uma vida AUTÊNTICA e TRANSPARENTE, com DIÁLOGO ABERTO com os filhos. Mas como desenvolver esse tipo de transparência com os filhos? O livro de Provérbios oferece algumas dicas:

1. Escutar mais do que falar (Provérbios 18:2,13; 30:32; cf. 10:19; 13:3; 15:28; 17:27; 29:20; Tiago 3:13-18).

2. Evitar discussões inúteis (Provérbios 17:14) em momentos inadequados (Provérbios 23:9; 26:4).
3. Deixar um exemplo de humildade quando abordado (respeitosamente) pelo filho. APRENDER A PEDIR PERDÃO (Provérbios 25:12; 15:31; 28:13; Mateus 5:23,24; Tiago 5:16)!
4. Comunicar em níveis que sondam o coração (Provérbios 20:5); aprender a fazer perguntas abertas que não exigem uma resposta monossilábica "sim" ou "não".
5. Tratar com seriedade os sonhos do filho (Provérbios 13:12).
6. Aproveitar os momentos ensináveis (sem conflito) para ensinar (Provérbios 20:5; Deuteronômio 6:4-9).

# Roubo

*O que rouba a seu pai ou a sua mãe e diz:
Não é pecado, companheiro é do destruidor.*

PROVÉRBIOS 28:24

*Será, pois, que, tendo pecado e ficado culpada [de roubo],
restituirá aquilo que roubou [...] e o restituirá por inteiro e
ainda a isso acrescentará a quinta parte...*

LEVÍTICO 6:4,5

Há dois pecados fatais na família: a mentira e o roubo. Dos dois, o roubo caracteriza-se como uma das piores formas de mentira, pois o filho não somente toma o que não é dele, mas normalmente mente a respeito também.

Os pais precisam tratar com seriedade esse pecado, levando o filho a reconhecer que isto é o fruto podre de uma raiz ruim – o egoísmo no coração. Se não conseguirem fazer o filho entender como o roubo fere relacionamentos na família, e confessar seu pecado, será difícil resgatá-lo depois.

A confissão de roubo deve ser seguida por restituição daquilo que foi roubado. Se os pais descobrirem que o filho roubou de outra pessoa, devem insistir na restituição (e acompanhar o filho na hora da confissão). Mesmo que o cristão não fique debaixo da Lei, o princípio de um acréscimo de 20% no ato de restituição que encontramos no Velho Testamento (Levítico 6:4,5) parece muito sábio. Representa uma atitude de arrependimento, assim como Zaqueu evidenciou (Lucas 19:8,9).

Se por qualquer motivo o filho não tem condições de restituir o que roubou, os pais devem ajudá-lo a trabalhar até conseguir o que falta.

# O coração duro

*O homem que muitas vezes repreendido endurece a cerviz
será quebrantado de repente sem que haja cura.*

PROVÉRBIOS 29:1

*Filho meu, não rejeites a disciplina do SENHOR,
nem te enfades da sua repreensão.
Porque o SENHOR repreende a quem ama,
assim como o pai, ao filho a quem quer bem.*

PROVÉRBIOS 3:11,12

Um dos maiores medos dos pais deve ser um filho com o coração endurecido. Por isso, precisam começar cedo e trabalhar muito para verificar não somente as *ações* da criança, mas as *atitudes* também. Isso envolve sondar não apenas *o que* o filho faz, mas também *como*. Significa ainda observar como o filho recebe correção.

Ninguém gosta de ser disciplinado, mas uma perspectiva bíblica sobre a repreensão a valoriza como produto do amor dos pais. Se o filho resistir à disciplina, os pais terão que chamá--lo repetidas vezes para trabalhar questões do seu coração. Se nada melhorar, precisarão verificar como discipliná-lo para que experimente as consequências de um coração duro. Nisso os pais não querem quebrar o espírito, mas moldá-lo e transformar a força de vontade voltada para o mal. Se os pais falharem, o mundo há de quebrá-lo, mas sem a compaixão paterna.

# Limites

*A vara e a disciplina dão sabedoria, mas a criança
entregue a si mesma vem a envergonhar a sua mãe.*

PROVÉRBIOS 29:15

É impressionante como a criatividade que Deus embutiu no ser humano se manifesta quando este enfrenta limites. Observe a criança na roça, sem brinquedos caros, sem muitas opções de lazer. Consegue transformar uma lata de sardinha, quatro pregos e tampas de refrigerante em um carro de Fórmula 1.

Alguns sugerem que colocar limites na vida da criança significa reprimir sua criatividade. Muito pelo contrário: limites ajudam a criança a ser criativa, pois precisará descobrir novas combinações dentro de um número restrito de opções.

Disciplina bíblica constitui uma espécie de limite que estabelece fronteiras, além das quais não é permitido passar. A *criança entregue a si mesma*, conforme o versículo acima – ou seja, "solta" (o significado literal da frase) –, acaba envergonhando os pais que abandonaram sua responsabilidade de impor limites à criança – para o bem dela e também da sociedade.

A disciplina ajuda a criança a desenvolver autocontrole, direcionando assim seus esforços criativos. Por outro lado, a criança solta não tem autodisciplina, não entende limites, não consegue pensar fora da caixa (porque não existe caixa) e não precisa desenvolver sua criatividade.

# O funil da autoridade paterna

*A vara e a disciplina dão sabedoria, mas a criança entregue a si mesma vem a envergonhar a sua mãe.*

PROVÉRBIOS 29:15

Os autores Gary e Anne-Marie Ezzo denominam como equívoco na educação de filhos o "erro do funil".[3] À luz de Provérbios 29:15, em vez de "entregar a si mesma" a criança, os pais sábios estabelecem e limitam os parâmetros de liberdade desde cedo. A criança aprende que os pais são autoridades em sua vida e que limites trazem benefícios de segurança e sabedoria.

Uma vez que o filho aprende a obedecer e respeitar a autoridade e os limites, os pais podem e devem conceder mais e mais liberdade, JUNTO COM maior responsabilidade. De vez em quando, os pais podem testar o coração dos filhos, dando uma ordem ou fazendo uma escolha pelo filho para verificar que continue submisso e obediente. Eventualmente podem voltar um pouco para trás em termos de algumas liberdades já concedidas, se o filho se mostrar irresponsável ou rebelde. Mas, via de regra, os pais querem estar na posição de autoridades

---

[3]Ezzo, Gary e Anne-Marie. *Educação de filhos à maneira de Deus* (Pompeia, SP).

amorosas que sempre dão mais e mais liberdade responsável, até chegar o momento em que o filho jovem se mostre maduro e responsável para andar com as próprias pernas.

No primeiro modelo a seguir, do funil errado, os pais acordam algum dia com um filho rebelde e indisciplinado que foi solto cedo demais. Os pais desesperados então procuram erguer um monte de regras, mas é tarde demais. O filho pula fora do funil (e da autoridade dos pais) quando o funil é apertado, e os pais terminam o processo como adversários dos seus filhos.

No segundo modelo, o filho quase não lembra os anos em que sua liberdade ficou mais restrita, e termina o processo como melhor amigo dos seus pais "libertadores".

# O banquete real

*Corrige o teu filho, e te dará descanso,
dará delícias à tua alma.*

PROVÉRBIOS 29:17

Pais de crianças de 2 anos de idade têm pouco descanso. Isso porque os primeiros anos de vida exigem muito esforço, disciplina, persistência e ensino por parte dos pais.

Como pais, carecemos de uma palavra de encorajamento, para saber que todo nosso esforço um dia valerá a pena. Que as madrugadas segurando um neném doente, as inúmeras vezes que falamos "não", as muitas viagens para a aula de música ou escolinha de futebol, as noites ajudando com problemas de matemática, o anseio sobre o vestibular – que tudo isso gerou frutos na vida do filho.

Esse esforço redobrado no início da vida gera consequências muito agradáveis e duradouras mais tarde. Em contraste com a vergonha causada pelo filho não disciplinado (Provérbios 29:15), o pai diligente na disciplina encontra o oposto – honra e prazer (veja Salmos 127:3-5).

Um filho disciplinado (para não ser egoísta) é um filho alegre e satisfeito (pois cumpre o propósito para o qual foi criado). O filho indisciplinado (egoísta) vive chorando – sempre descontente, insatisfeito, pedindo, reclamando, choramingando. O benefício da disciplina se sentirá tanto pelos pais como pelos filhos!

Os pais têm uma escolha: tentar descansar agora (evitando confrontos e a disciplina do filho) ou descansar de fato depois (como fruto de uma disciplina consistente e coerente).

Que privilégios Deus oferece aos pais fiéis na disciplina dos seus filhos! Descanso e delícias acompanharão esses pais diligentes por muito mais tempo que o trabalho de corrigi-los no início. Mas quanto desgaste e desgosto para os pais que recusam disciplinar seus filhos cedo na vida. Esse texto em Provérbios ecoa o princípio que o apóstolo João declara sobre seus filhos na fé: *Não tenho maior alegria do que esta, a de ouvir que meus filhos andam na verdade* (3João 4).

Resumindo, podemos dizer que:

- A disciplina no lar dá trabalho no início, mas depois resultará em um lar tranquilo.
- A disciplina agora poupa muito trabalho depois!
- A disciplina agora não traz somente descanso, mas também bênçãos inesperadas quando o filho se torna uma fonte de bênção para outros.

# O temor aos homens

*Quem teme ao homem arma ciladas,
mas o que confia no SENHOR está seguro.*

PROVÉRBIOS 29:25

O medo do que os outros vão pensar a seu respeito paralisa muitos jovens e faz com que mudem seu jeito de ser, sua roupa, seu cabelo, sua aparência. Essa doença-pecado se chama "temor aos homens".

A pressão exercida pelos colegas pode levar o jovem inseguro a experimentar drogas, sexo, álcool, e fazer coisas que nunca faria se não fosse pressionado. Por isso, os pais precisam continuamente cultivar nele uma identidade saudável baseada em quem ele é em Cristo Jesus: um filho amado, aceito, perdoado, livre, com um futuro fantástico garantido (veja Efésios 1:3-14).

A essência desse pecado é um Deus pequeno e homens grandes. A causa desse pecado é não entender nem viver conforme nossa posição em Cristo. Se tão somente soubéssemos quem somos, o que temos e para onde vamos com Cristo, o temor aos homens não teria mais poder sobre nós.

Sofremos o temor aos homens pelo fato de que não cremos que a nossa posição em Jesus está eternamente garantida; que Deus já nos aceitou completa e perfeitamente em Cristo; que não podemos mais sacrificar pelos nossos pecados; que em Cristo não há nada a provar diante de Deus; que o céu é o nosso destino; que somos abençoados com todas as bênçãos espirituais em Cristo; que o Espírito do Cristo vivo está em nós!

O jovem precisa aprender a dizer "não" aos outros, mesmo que o rejeitem, quando as aprontações deles contrariam a Palavra de Deus e os pais. Trabalhe com seu filho para que saiba a resposta que deve dar quando confrontado por situações como essas.

# A voz de louvor

*Levantam-se seus filhos e lhe chamam ditosa;
seu marido a louva, dizendo:
Muitas mulheres procedem virtuosamente,
mas tu a todas sobrepujas.*

PROVÉRBIOS 31:28,29

Certa vez alguém observou que o melhor presente que um pai poderia dar aos filhos seria amor genuíno pela esposa. O pai (e marido) sábio demonstra seu amor tanto pela esposa como pelos filhos quando deixa um exemplo de elogios genuínos à mãe deles.

O pai precisa deixar claro para seus filhos que prioriza seu relacionamento com a mãe deles. Nada proporciona mais segurança para os filhos do que um relacionamento saudável entre mamãe e papai. Noites de namoro, viagens especiais, pequenas demonstrações de carinho e paparicos ajudam muito neste sentido, mas o pai não precisa gastar dinheiro para demonstrar aos filhos o quanto aprecia sua esposa.

Expressões espontâneas e também planejadas demonstram gratidão pela vida daquela que serve a família, se desdobra no serviço do lar, da igreja, da comunidade. O pai pode encorajar os filhos a desenharem cartões especiais de apreciação não somente no aniversário dela ou no Dia das Mães, mas em momentos oportunos durante o ano. Jantares feitos pelos filhos, poesias, fotos, gravações criativas, músicas especiais ou saídas planejadas pelo pai e pelos filhos vão longe em demonstrar o profundo amor e respeito que todos têm pela mulher virtuosa que Deus graciosamente lhes concedeu.

# Votos

*Quando a Deus fizeres algum voto, não tardes em cumpri-lo; porque não se agrada de tolos. Cumpre o voto que fazes.*

ECLESIASTES 5:4

Ao longo da vida nosso filho fará muitos votos e assumirá vários compromissos:

- De membresia e serviço na igreja;
- de noivado e casamento;
- em tribunais;
- em compras de automóveis e imóveis;
- em decisões espirituais, como conversão, consagração e contribuição.

Fazer votos diante de Deus é uma das respostas naturais à grandeza e bondade dele. Certamente não para barganhar com o Senhor para receber uma "graça", mas porque já recebemos sua graça.

Ninguém é obrigado a fazer um voto; mas, se o fizer, saiba que COM DEUS NÃO SE BRINCA. Deus não é um colega que podemos tratar com leviandade, mas o Criador do universo.

Hoje existe uma verdadeira cultura religiosa de barganha com Deus, em que Ele é tratado como algum tipo de gênio da lâmpada – você esfrega a lâmpada através de votos e promessas e Ele dá o que você quer. É uma pechincha religiosa de barganhas com Deus.

Mas a ênfase da Palavra são votos como atitude de GRATIDÃO POR UMA GRAÇA JÁ RECEBIDA. Por isso, prepare seu filho para encarar com seriedade os momentos de decisões e compromissos na vida. Ele deve ficar ciente de que Deus há de levar a sério a decisão que tomar. Ajude-o a continuar firme nessa decisão.

# O velório

*Melhor é ir à casa onde há luto do que ir à casa onde há banquete, pois naquela se vê o fim de todos os homens; e os vivos que o tomem em consideração.*

ECLESIASTES 7:2

Vivemos numa sociedade antisséptica, que foge até de mencionar a realidade da morte por medo de que, de alguma forma supersticiosa, esse mal nos atinja. Mas, conforme as estatísticas mais recentes, *dez* pessoas em cada *dez* morrem! Não podemos fugir da morte e não devemos nos esconder dela. A morte faz parte da vida.

Ninguém GOSTA de ir a um velório, muito menos onde não há esperança de vida eterna em Cristo. Mas o culto fúnebre tem grandes vantagens sobre festas de aniversário, pois somos forçados a avaliar a nossa vida: sua brevidade, seu significado, seu impacto, seu propósito. Todas as estradas de vida terminam numa rua sem saída – onde se encontra o nosso caixão.

A realidade da morte focaliza nossa vida, como diz o salmista: *Ensina-nos a contar os nossos dias, para que alcancemos coração sábio* (Salmos 90:12).

Os pais terão que usar muito bom senso para decidir até que ponto e com que idade os filhos devem ser expostos a essa dura realidade do nosso mundo. Mais cedo ou mais tarde, terão que enfrentá-la. Melhor se for ao lado dos pais, que conseguem interpretar bíblica e sabiamente por que as pessoas morrem e por que a realidade da morte nos faz viver melhor.

# "Odeio você!"

> Não apliques o coração a todas as palavras que se dizem, para que não venhas a ouvir o teu servo a amaldiçoar-te, pois tu sabes que muitas vezes tu mesmo tens amaldiçoado a outros.
>
> ECLESIASTES 7:21,22

Não se assuste se um dia você ouvir seu filho falando algo do tipo "Não gosto de você!" ou "Odeio você!"

O texto nos lembra que, às vezes, as pessoas falam palavras que não querem realmente dizer. Nós também já fizemos isso em diversas ocasiões – sobre pais, professores e outras autoridades!

Não desista do seu alto e grande chamado para ser pai ou mãe só porque, por um momento, seu filho parece não gostar de você. Não viva em prol da aceitação ou aprovação dele. Nada mais normal (embora pecaminoso) para um filho do que reagir à disciplina ou aos limites com palavras duras. Lembre-se de que você provavelmente falou algo semelhante aos seus pais muitos anos atrás!

Não permita que seu filho o desonre ou desrespeite dessa forma, mas não entre em parafuso também; continue firme no discipulado e na disciplina do seu filho. Algum dia, ouvirá as palavras "Obrigado, pai e mãe; amo vocês!"

# Amor à primeira vista

> *Conjuro-vos, ó filhas de Jerusalém, pelas gazelas e cervas do campo, que não acordeis, nem desperteis o amor, até que este o queira.*
>
> CÂNTICO DOS CÂNTICOS 2:7

O Cântico dos Cânticos, na Bíblia, ensina três lições sobre o amor verdadeiro:

1. A paciência do amor.
2. A pureza do amor.
3. A perseverança do amor.

Os pais devem ser os primeiros e melhores conselheiros, que ensinam esses valores a seus filhos em questões românticas. Devem ajudá-los a proteger o coração contra relacionamentos precipitados.

Dificilmente um filho adolescente terá a estrutura emocional, intelectual e espiritual para reconhecer um amor verdadeiro. Os pais devem encorajá-lo a desenvolver relacionamentos sadios com o maior número possível de pessoas, em situações não comprometedoras, com base em amizade, e não na intimidade física.

Os pais também não devem *empurrar* o filho para envolvimentos precoces. O tempo sempre é um aliado em questões do amor verdadeiro. Não desperte o amor até que *Deus* o queira!

# Sapo ou príncipe encantado?

*Apanhai-me as raposas, as raposinhas, que devastam os vinhedos, porque as nossas vinhas estão em flor. O meu amado é meu, e eu sou dele...*
CÂNTICO DOS CÂNTICOS 2:15,16

Satanás odeia a família em geral e o casamento em particular. Solta suas raposas para devastar o jardim matrimonial, porque vê na família um reflexo da glória do Deus trino.

Além de proteger seu próprio casamento contra tantos ataques, os pais precisam preparar seus filhos para seu futuro lar, caso seja a vontade de Deus que se casem.

Três vezes o livro de Cântico dos Cânticos destaca a exclusividade do amor como sendo nossa maior defesa contra esses ataques: *O meu amado é meu, e eu sou dele* (Cântico dos Cânticos 2:16; 6:3; 7:10). Esses textos ecoam o que já encontramos em Gênesis 2:24; dois se tornam um nos laços matrimoniais e apresentam uma frente formidável contra qualquer raposinha.

Os pais sábios protegem o jardim de amor dos seus filhos também. Eles esclarecem que o nome de um príncipe encantado está escrito no coração de sua filha, e de uma princesa, no coração do filho. Aquele coração pertencerá a alguém algum dia, se for da vontade de Deus, e por isso precisa ser guardado até a hora de ser entregue ao seu novo dono. Encoraje sua filha a não "ficar" com algum "sapo" na esperança de que talvez vire "príncipe"! Ajude seu filho a esperar o tempo e o plano perfeito de Deus!

# O jardim fechado

*Jardim fechado és tu, minha irmã, noiva minha,
manancial recluso, fonte selada.*
CÂNTICO DOS CÂNTICOS 4:12

*Eu sou um muro, e os meus seios, como as suas torres;
sendo eu assim, fui tida por digna da confiança do meu amado.*
CÂNTICO DOS CÂNTICOS 8:10

A Sulamita, heroína da história no livro do Cântico dos Cânticos, entregou o maior presente possível para seu noivo na noite das núpcias – o presente da sua pureza moral. Foi para aquele momento único na vida que ela se guardou até a chegada do seu príncipe encantado. Mas ela também contava com a ajuda de familiares (Cântico dos Cânticos 8:8) e amigas do palácio (Cântico dos Cânticos 2:7; 3:5; 8:4).

Os pais ocupam o papel de guardiões do coração dos filhos. Para reforçar a ideia de que a vida moral do jovem deve ser como um jardim fechado, preservado somente para aquele a quem pertence, alguns pais têm entregado um símbolo de pureza aos seus filhos: um colar com pingente de ouro em formato de coração pode lembrar a noiva de que o coração dela pertence aos pais até o dia do casamento. Na cerimônia, uma chave pode ser entregue ao noivo.

Para o filho, um baú rústico com cadeado pode dar a mesma lembrança. Dentro do baú há um pingente de ouro no formato de um coração. O colar pode ser entregue para a noiva no dia do casamento como símbolo da entrega do próprio coração e da pureza moral ao parceiro.

# O jugo da mocidade

*Bom é para o homem suportar
o jugo na sua mocidade.*
LAMENTAÇÕES 3:27

*Se te mostras fraco no dia da
angústia, a tua força é pequena.*
PROVÉRBIOS 24:10

Deus usa o sofrimento para construir o nosso caráter. Ele forma líderes no deserto, onde descobrimos quem realmente somos e quem Ele é. José, Josué, Davi e Daniel foram esculpidos como homens de Deus pela adversidade que enfrentaram na juventude. Assim como o carvão que se transforma em diamante pela pressão, ou o grão de areia que produz uma pérola dentro da ostra, Deus usa as dificuldades para produzir algo de grande valor.

Às vezes, Deus impõe cargas pesadas na vida do jovem que podem fortalecê-lo para enfrentar desafios maiores no futuro. Problemas na escola, com os colegas, na saúde ou no namoro podem fazê-lo depender cada vez mais de Deus. Tudo isso para não faltar forças *no dia da angústia*.

Não se precipite para livrar seu filho de todas as dificuldades da vida. Busque a Deus para ter sabedoria e ajude o seu filho a lidar com o *bullying* na escola, com algum fracasso no esporte, com notas mais baixas do que esperava e com a rejeição pela namorada ou pelo namorado. No fim vocês serão mais fortes!

# Contra a maré

*Resolveu Daniel, firmemente, não contaminar-se com as finas iguarias do rei, nem com o vinho que ele bebia; então, pediu ao chefe dos eunucos que lhe permitisse não contaminar-se.*

DANIEL 1:8

Seu filho consegue dizer *não* à tentação? Ir contra a maré exige firmeza e coragem para ficar em pé sozinho, fazendo o certo porque é certo, mesmo que ninguém concorde ou se junte a ele.

Como jovem, com seus 16 ou 17 anos, longe de seus pais, prisioneiro de guerra numa terra distante e estranha, Daniel recusou se curvar diante da ordem de um rei pagão que exigia o que a Lei do seu Deus proibia. Teria sido fácil chutar o balde, curvar-se diante do *temor aos homens* e se livrar de uma situação de grande risco. Mas Daniel já havia decidido construir sua vida sobre o alicerce eterno do seu relacionamento com Deus, e não na areia movediça da opinião alheia.

A história de José (Gênesis 37–50) ilustra essa mesma coragem. Descobrimos como Deus pode usar um jovem comprometido com Ele para influenciar multidões! Mas exige muita coragem para enfrentar a maré e ser diferente.

Estude com seus filhos a história de vida desses grandes homens de Deus. Apresente cenários em que eles provavelmente enfrentarão a pressão dos colegas nas áreas a seguir, e treine suas respostas:

- drogas
- álcool
- cola na prova
- mentir
- roubar
- ficar com alguém
- matar aula
- esconder algo dos pais

# O melhor para o Senhor

> *Mas, desde o nascente do sol até ao poente, é grande entre as nações o meu nome; [...] porque o meu nome é grande entre as nações, diz o Senhor dos Exércitos.*
>
> MALAQUIAS 1:11

Mediocridade em nome de Deus é uma forma sutil de blasfêmia. Talvez por isso a *Liberty University*, nos EUA, a maior universidade evangélica do mundo, tem como lema "Se é *cristão*, tem que ser *melhor*".

Um deus pequeno merece mediocridade. Um Deus grande merece majestade. Como família, sua visão de Deus é mesquinha ou magnífica? Nossos filhos observam a maneira como servimos a Deus. Qual o tamanho do seu Deus?

Sem cair no legalismo, alguns testes podem sondar o exemplo que deixamos para nossos filhos:

- Você oferece sobras para Deus ou o seu melhor?
- Sempre chega atrasado para seu encontro com Ele nos cultos dominicais, ou prepara-se para uma audiência diante do Rei do universo?
- Faz seu serviço para Ele de qualquer jeito, ou realmente dá o melhor para seu ministério?
- Olha mais para o aplauso dos homens, ou vive para agradá-lo em tudo que faz "em seu nome"?

Os nossos filhos observam tudo, sabem se "brincamos de igreja" ou se realmente servimos a um grande Rei.

# Relacionamentos restaurados

*Eis que eu vos enviarei o profeta Elias,
antes que venha o grande e terrível Dia do Senhor;
ele converterá o coração dos pais aos filhos
e o coração dos filhos a seus pais,
para que eu não venha e fira a terra com maldição.*

Malaquias 4:5,6

Somente o evangelho é capaz de restaurar relacionamentos familiares danificados pelo pecado.

A vinda do profeta Elias, de forma literal ou figurativa, serve como sinal do dia de julgamento conhecido como o "Dia do Senhor", mas que também resultará numa reversão da dor que caracteriza o relacionamento pais/filhos desde Gênesis 3:16a. Assim como João Batista ministrou no espírito de Elias (veja Mateus 3:1,2; 11:11-14; Marcos 9:13; Lucas 1:17), seu ministério inaugurou um dia novo para a família, pois culminou na redenção providenciada por Jesus na cruz. Somente em Cristo a família pode ser restaurada, fato comprovado por Paulo em Efésios 5:18–6:9 e Colossenses 3:15–4:1.

Infelizmente, muitas famílias vivem em pé de guerra no que diz respeito ao relacionamento entre pais e filhos jovens. Algumas causas dessa guerra fria por parte dos pais incluem:

- Imaginar que já sabe o que o filho irá falar (Provérbios 18:2).
- Imaginar que o filho "é igual ao pai" quando tinha a mesma idade (2Coríntios 10:12).
- Imaginar que o mundo de hoje é o mesmo que o mundo de ontem (Ageu 2:1-9).
- Imaginar que o filho não tem nada importante a contribuir porque, afinal, é só um jovem (Eclesiastes 12:1; 1Timóteo 4:12).
- Tratar o filho como se suas emoções, opiniões e sugestões não tivessem valor.
- Ridicularizar o filho (Provérbios 26:18,19).
- Julgar antes de ouvir explicações (Mateus 7:1).
- Dar conselho para resolver o problema sem ouvir o coração (Provérbios 20:5).

# Memorização da Palavra

*... Não só de pão viverá o homem, mas de toda palavra que procede da boca de Deus.*

MATEUS 4:4

A Palavra de Deus é a nossa vida! A Palavra no coração nos impede de pecar (Salmos 119:9,11). O livro de Provérbios ressalta o valor da Palavra gravada na tábua do coração (Provérbios 2:1-5; 3:1-3), e Jesus deixou isso claro na ocasião da sua tentação no deserto. Três vezes citou a Palavra (do livro de Deuteronômio) em resposta às seduções do diabo.

O pai sábio encoraja seu filho a memorizar a Palavra. Assim, mesmo quando os pais estiverem distantes, a Palavra de Deus estará em seu coração.

Há muitas maneiras criativas de encorajar não somente os filhos, mas a família toda, a memorizar textos bíblicos. Os pais podem promover concursos (entre irmãos ou, melhor, entre pais e filhos); montar quebra-cabeças do versículo a ser memorizado; escrever o texto num quadro e repeti-lo várias vezes enquanto apaga as palavras, uma de cada vez; fazer brincadeiras como "Forca" usando o texto do versículo. Prepare um gráfico para mostrar o progresso de versículos memorizados para encorajar a família a manter essa disciplina e, de tempos em tempos, faça uma revisão dos versículos já decorados.

# "Estúpido!"

*Eu [...] vos digo que todo aquele que [...] se irar contra seu irmão estará sujeito a julgamento; e quem proferir um insulto a seu irmão estará sujeito a julgamento do tribunal...*

MATEUS 5:22

*Longe de vós, toda amargura, e cólera, e ira, e gritaria, e blasfêmias, e bem assim toda malícia. Antes, sede uns para com os outros benignos, compassivos, perdoando-vos uns aos outros, como também Deus, em Cristo, vos perdoou.*

EFÉSIOS 4:31,32

Jesus deixou bem claro que não há lugar na sua família para a troca de ofensas e insultos. Uma atitude como essa revela o coração de um *assassino*, que mata verbalmente, golpe por golpe, palavra por palavra. Esse "bate-boca" tão comum entre irmãos precisa ser reprimido assim que começar. Palavras como "estúpido", "burro", "idiota" não têm lugar em nossas famílias!

Ao mesmo tempo, a única esperança de se ter uma família saudável é quando o perdão reina no lar. Toda família é como uma toca de porcos-espinhos. Numa noite fria, se o porco-espinho tenta se aquecer aproximando-se do irmão, acaba espetando-o ou sendo espetado. Na família, mais cedo ou mais tarde, acabamos machucando aqueles que mais amamos. A opção não é fugir da intimidade familiar, mas aprender a pedir e conceder o perdão que primeiro encontramos em Cristo Jesus.

Somente os perdoados conseguem perdoar. Grande graça recebida em Cristo exige grande graça concedida ao nosso irmão.

Ensine a seus filhos ambas as qualidades – como humildemente pedir perdão pelas ofensas e como graciosamente perdoar o ofensor. Explique a diferença entre pedir desculpas e pedir perdão (para uma explicação maior, veja a reflexão #150 neste livro).

# Relacionamentos acertados

> *Se, pois, ao trazeres ao altar a tua oferta, ali te lembrares de que teu irmão tem alguma coisa contra ti, deixa perante o altar a tua oferta, vai primeiro reconciliar-te com teu irmão; e, então, voltando, faze a tua oferta.*
>
> MATEUS 5:23,24

Domingo à tarde, a família está atrasada para o culto. Banheiro ocupado, sapatos faltando, celular tocando... e o pai buzinando no carro... Parece familiar? Quantas vezes chegamos na igreja com tensão e conflitos não resolvidos, mas com sorriso pintado no rosto e "Graça e paz" nos lábios!

Em momentos assim, precisamos lembrar de que Deus está mais interessado em relacionamentos saudáveis do que em nossa religiosidade. Prefere contas acertadas a ofertas de hipócritas. Precisamos nos preparar para adorar ao nosso grande Deus com coração sincero, *em espírito e em verdade* (João 4:23).

Não sacrifique, em nome da religião, os relacionamentos familiares. Verifique que o ambiente familiar seja saudável especialmente em preparação para o culto. Não permita que alguns minutos a mais de sono causem uma correria que gera conflitos e que culmina em relacionamentos tensos. Prepare tudo de antemão para os cultos que vão prestar, mas, acima de tudo, preparem seus corações através de relacionamentos pacíficos na família.

# Obediência interna

*Este povo honra-me com os lábios,
mas o seu coração está longe de mim.*

MATEUS 15:8

*Como águas profundas, são os propósitos do coração do homem, mas o homem de inteligência sabe descobri-los.*

PROVÉRBIOS 20:5

Já vimos que a obediência bíblica é imediata e inteira. Mas para realmente alcançar o padrão divino, a obediência também precisa ser interna, ou seja, de coração.

Deus não está interessado em meros atos externos de conformidade – Ele quer nosso coração. Esse também deve ser o desejo dos pais. Olhos arregalados, portas batidas, tarefas malfeitas, discussões, reclamações, reivindicações e o "corpo mole" descortinam o coração do filho. Como pais, não podemos nos contentar com obediência *formal* – queremos ganhar o coração!

Alguns pais hesitam em fazer julgamentos sobre as atitudes e motivações do coração do filho, supondo que isso fere o princípio bíblico de *não julgar, para não ser julgado* (Mateus 7:1). Mas Deus chama os pais para pastorear o coração, não somente o comportamento dos filhos.

Use sua sabedoria paterna e os anos de conhecimento do seu filho para fazer uma cobrança justa quando suas atitudes

151 Reflexões sobre a educação de filhos  **187**

deixam a desejar. Converse com ele se você perceber que sua atitude não corresponde ao padrão divino. Gaste tempo com seu filho para sondar suas motivações, intenções e propósitos de vida.

# Tempo à parte

*E ele [Jesus] lhes disse:*
*Vinde repousar um pouco, à parte, num lugar deserto...*
MARCOS 6:31

Deus não é um "senhor de escravos" que suga a última gota de energia de seus servos. Ao contrário, Ele exigia que seu povo, Israel, descansasse regularmente, com festas e feriados especiais frequentes no calendário anual. A proporção de 6:1 reflete um princípio embutido na ordem do universo e da constituição humana: seis dias de trabalho para um dia de descanso.

Como bom Pai, Deus sabe que somos pó e Ele se compadece de nós e da nossa fragilidade (Salmos 103:13,14). O pó também precisa se assentar!

Jesus proporcionava descanso e "férias" para seus seguidores, intercalando muita atividade ministerial com momentos de reflexão e descanso (Marcos 6:31).

A família precisa de tempo a sós para descansar, renovar suas forças, adorar a Deus, conhecer novos lugares e brincar juntos. Mesmo que o orçamento familiar seja de "vacas magras", sempre há espaço para um piquenique no parque da cidade (ou até mesmo na sala de estar!) ou um passeio perto de um lago. Não é preciso gastar dinheiro para *repousar um pouco, à parte.*

Além de um dia de folga, muitas famílias praticam o que se chama a "noite da família": uma noite "sagrada" da semana, em que ninguém marca compromissos, para que todos possam lanchar, brincar e passear juntos. Seja criativo, mas não perca a oportunidade de experimentar momentos de lazer com sua família.

# Duas grandes regras

*... Amarás o Senhor, teu Deus, de todo o teu coração, de toda a tua alma, de todas as tuas forças e de todo o teu entendimento; e: Amarás o teu próximo como a ti mesmo.*

LUCAS 10:27

Surpreendentemente muitas crianças gostam que os pais façam regras para governar novas situações de conflito no lar. Isso porque o ser humano prefere a legislação artificial à lei de amor oferecida por Jesus. O legalismo facilita a vida, pois transforma tudo em preto e branco. Mas isso cria um fardo insuportável de leis e estatutos.

Evite multiplicar regras em casa (inclusive, transformando algumas das ideias deste livro em regras invioláveis para seu lar!). A essência da responsabilidade humana se resume em duas grandes regras: amar a Deus e amar ao próximo. Estas servem muito bem como peneira para filtrar palavras, pensamentos e ações no lar.

Em termos de relacionamentos entre irmãos, o princípio do amor ao próximo significa reconhecer que o outro é precioso aos olhos de Deus. Quando há conflito entre dois filhos (sobre um brinquedo, o controle remoto ou a próxima vez no *videogame*), a resposta dos pais não deve ser "quem pegou primeiro?" Isso só ensina cada filho a ser mais astuto que o outro – longe do ideal da vida de Cristo em nós.

Se a vida cristã é uma vida "outrocêntrica" (Marcos 10:45), os pais devem inculcar a ideia de servir o irmão porque ele é precioso para o Senhor. O filho que está disposto a ferir o relacionamento com o irmão para receber o que tanto quer mostra-se idólatra, e os pais têm o dever de expor para ele a verdadeira natureza do seu coração.

# Graça sobre graça

*Porque todos nós temos recebido da
sua plenitude e graça sobre graça.*

JOÃO 1:16

*... cingi-vos todos de humildade, porque Deus resiste aos
soberbos, contudo, aos humildes concede a sua graça.*

1PEDRO 5:5

Nunca seremos pais perfeitos. Nunca mereceremos o favor de Deus pelos nossos próprios esforços. Tudo vem como fruto da graça dele. Como pais, precisamos contar com essa graça, pois todos nós sabemos o quanto carecemos do alto padrão de Deus.

Disciplinamos nossos filhos com ira, às vezes somos negligentes, egoístas, injustos. Gritamos e tomamos decisões erradas, deixamos um mau exemplo. Mas foi por isso que Jesus Cristo veio ao mundo – para nos libertar de nós mesmos e viver sua vida através de nós.

Como diz o texto de João 1:16, recebemos essa graça, por meio de Jesus, como ondas do mar, uma graça sobre a outra, *graça no lugar de graça*. Mas o pré-requisito para se tornar um candidato a receber a graça é a humildade. *Deus resiste aos soberbos* que se acham autossuficientes na paternidade. Deus *concede* seu favor não merecido para aqueles que sabem que não o merecem.

Pai e mãe, sejam humildes em seu papel como pais. Ao errar, peçam perdão ao seu filho. Tal atitude, longe de minar sua autoridade, aumentará sua acessibilidade e credibilidade diante do filho. No fim, vocês se tornarão *gente* como ele e, no final do longo processo de educá-lo, ele será seu amigo.

Graças a Deus pela graça, que nos capacita como pais apesar das nossas muitas falhas!

# Dúvidas

*As minhas ovelhas ouvem a minha voz; eu as conheço, e elas me seguem. Eu lhes dou a vida eterna; jamais perecerão, e ninguém as arrebatará da minha mão.*

JOÃO 10:27,28

A dúvida sobre a salvação aflige muitos filhos de crentes. Mesmo depois de crer em Cristo como Salvador de suas vidas, muitos daqueles nascidos em um lar cristão passam por períodos de dúvida e angústia sobre seu futuro eterno.

Dúvida não é pecado, desde que seja tratada e resolvida à luz da Palavra de Deus. O homem descrito como o maior de todos na época de Jesus – João Batista – também passou por momentos dolorosos de dúvida e desânimo (Mateus 11:1-6). Tomé, um dos doze discípulos, foi notável por causa da sua dúvida após a ressurreição (João 20:24-28). Em ambos os casos, Jesus foi paciente e compassivo, até resolver as dúvidas dos seus amigos.

Nessas horas os pais não devem dar um falso senso de segurança se o filho nunca tomou uma decisão genuína por Jesus. Mas devem ajudá-lo a compreender que a salvação não se baseia em seus sentimentos inconstantes, mas na Palavra eterna de Deus, que promete: *Crê no Senhor Jesus e serás salvo* (Atos 16:31). A salvação não depende da nossa *sinceridade*, mas da sinceridade de Jesus, que estendeu seus braços e tomou nosso lugar na cruz. Sua ressurreição garante perdão e vida eterna para todos os que se lançam sobre o abismo do inferno tendo como sua única esperança a "ponte" que é Jesus.

Talvez os pais tenham que passar horas, noite após noite, ministrando o verdadeiro evangelho aos seus filhos, até que suas dúvidas sejam resolvidas à luz da Palavra de Deus.

# A fuga

*Fugi da impureza...*
1CORÍNTIOS 6:18

*Afasta o teu caminho da mulher adúltera e não te aproximes da porta da sua casa.*
PROVÉRBIOS 5:8

*Não se desvie o teu coração para os caminhos dela* [da pessoa imoral], *e não andes perdido nas suas veredas.*
PROVÉRBIOS 7:25

Como nos proteger do bombardeio sensual que constantemente ameaça a pureza sexual? As Escrituras são unânimes em sua resposta: Fuja!

Os pais precisam mostrar ao filho como fugir das tentações à imoralidade. Pelo exemplo e pelo ensino, criam hábitos de diversão saudáveis e de pensamentos puros que servirão pelo resto da vida.

Pais, não permitam que nudez, adultério, sexo ilícito, piadas sujas e outras formas de impureza façam um desfile na sala de estar de sua casa, mas digam "não" à mercadoria do inferno. Criem mecanismos de prestação de contas na família: livre acesso ao smartphone de cada um; filtros na internet (veja sites como www.covenanteyes.com); aparelhos que controlam o acesso à internet (veja *Circle*, um produto da Disney); livros como Homem nota 10, deste autor, preparando seu filho para a batalha de todo homem, por Stephen Arterburn e Fred Stoeker, e Design divino – Mulher: sua verdadeira feminilidade, por Mary A. Kassian e Nancy Leigh DeMoss; e, acima de tudo, um relacionamento aberto e transparente com cada filho. Quando os pais criam um ambiente em que os filhos podem falar aberta e francamente sobre seus desejos, suas lutas e angústias na área sexual, poderão conversar sobre qualquer assunto.

# Ordem no culto

*Porque Deus não é Deus de desordem, mas sim de paz.
[...] tudo deve ser feito com decência e ordem.*
1CORÍNTIOS 14:33,40 (Almeida Século 21)

Ao tratar dos abusos de dons espirituais na igreja local, o apóstolo Paulo defende a ideia de que Deus quer decência e ordem no culto público.

Uma das maiores frustrações de alguns membros de igreja são as constantes distrações que desviam a atenção de Deus, do seu louvor e da ministração da sua Palavra que ocorrem em nossos cultos. O princípio de decência e ordem aplica-se também a estas distrações: pessoas que sempre chegam atrasadas ou que levantam e saem com frequência durante o culto; jogos nos celulares; moças mexendo sem parar no cabelo; jovens passando bilhetes ou mensagens de texto.

O princípio se aplica também ao comportamento das crianças em culto público. Jesus Cristo, deve ser o foco sempre, e não as crianças.

Seria impossível eliminar todas as distrações, mas tudo começa com maior disciplina no lar. Os filhos devem ser ensinados sobre a natureza do culto como adoração ao Deus Criador do universo. Distrações levianas roubam dele a glória devida ao seu nome (Salmos 115:1).

Os pais precisam instruir seus filhos sobre o tipo de comportamento aceitável ou não no culto, e as consequências se a criança distrair a atenção devida somente a Jesus. Mesmo crianças pequenas podem aprender a ficar atentas, e os pais podem ajudar com pequenos incentivos: desafie seus filhos a desenhar partes do sermão, dê uma provinha depois do culto sobre o que aconteceu e ofereça algum prêmio quando a criança conseguir prestar atenção ou captar elementos essenciais da mensagem.

# Modéstia, ordem e decência

*Tudo, porém, seja feito com decência e ordem.*
1 CORÍNTIOS 14:40

*Eis que a mulher lhe sai ao encontro, com vestes de prostituta e astuta de coração. É apaixonada e inquieta, cujos pés não param em casa; ora está nas ruas, ora, nas praças, espreitando por todos os cantos.*
PROVÉRBIOS 7:10-12

Em nossos dias, a sensualidade também tem atingido a Igreja, onde por vezes há dificuldades em se manter a atenção totalmente voltada para Deus e sua Palavra por causa das vestimentas usadas tanto por homens como por mulheres. Talvez não seja recomendável nem agradável estabelecer padrões aceitáveis para prestar culto (sempre haverá visitantes que vão à igreja em busca de esperança), mas pelo menos os pais podem vigiar o traje dos próprios filhos para evitar que seja uma distração para outros adoradores.

Pais, não permitam que seus filhos usem vestes indecentes, que possam distrair ou chamar atenção indevida. Ainda mais importante é observar que tipo de roupas um filho que participa do louvor irá usar diante da congregação. O mesmo princípio se aplica à participação em coreografias, dramatizações ou outras apresentações. *Não a nós, Senhor, não a nós, mas ao teu nome dá glória* (Salmos 115:1). Tudo que não contribua para focar a atenção em Deus não tem lugar no culto público.

Larissa Fernandes sugere cinco perguntas para fazer ao vestir-se:[4]

1. Esta roupa revela quem Cristo é em mim ou revela mais de mim?
2. Por que quero vestir esta roupa? Quais as minhas intenções?
3. Quero me mostrar poderoso(a) ou mostrar o poder transformador de Cristo em mim?
4. Atrairei mais olhares para meu corpo do que para meu caráter?
5. É adequado ao ambiente em que vou?

---

[4] https://www.youtube.com/watch?reload=9&v=MOzdW7sxqiQ&feature=youtu.be&fbclid=IwAR1ikHhMTKdbrWyMTc1_Sh6qoVfbS5MmpWvFoi6cTfeOGf9poAiu7sHqsjE

# 1 + 1 > 2

> *Não vos ponhais em jugo desigual com os incrédulos; porquanto que sociedade pode haver entre a justiça e a iniquidade? Ou que comunhão, da luz com as trevas? Que harmonia, entre Cristo e o maligno? Ou que união, do crente com o incrédulo? Que ligação há entre o santuário de Deus e os ídolos?*
>
> 2CORÍNTIOS 6:14-16

**U**m dos maiores desafios que o jovem enfrenta ao fazer uma prova tipo ENEM ou outros vestibulares é lembrar como e quando aplicar as muitas fórmulas matemáticas a problemas específicos. Uma fórmula que provavelmente não ajudará seu filho no vestibular, mas que pode fazer toda a diferença em sua vida é:

### 1 + 1 > 2

Um mais um tem que ser maior que dois! Quando se trata de relacionamentos que visam a glória de Deus, como amizades, namoro, noivado e casamento, somente essa fórmula funciona. Ou seja, o que justifica relacionamentos de parceria, intimidade e comunhão é o reforço mútuo que permite que a soma das suas vidas seja maior que a contribuição de cada um à parte.

Deus quer que a família seja unida, com a mesma fé, o mesmo amor, servindo o mesmo Deus. O *jugo desigual* junta duas pessoas sem harmonia de propósito em um único empreendimento, seja numa sociedade comercial, seja no culto, seja na família.

Juntar um boi raquítico com outro saudável na mesma canga só produz confusão. Em vez de arar o campo mais eficientemente, atrapalha.

Evite que seu filho experimente a tristeza de uma casa dividida contra si mesma. Ensine-o desde cedo a assumir um pacto de namoro simples que inclui o compromisso de "Não namorar com alguém que não partilhe da mesma fé e da mesma visão do reino de Deus que eu tenho".

# Engano

*Não vos enganeis: de Deus não se zomba;
pois aquilo que o homem semear, isso também ceifará.*

GÁLATAS 6:7

*Ninguém vos engane com palavras vãs; porque, por essas
coisas, vem a ira de Deus sobre os filhos da desobediência.*

EFÉSIOS 5:6

*Cuidado que ninguém vos venha a enredar
com sua filosofia e vãs sutilezas...*

COLOSSENSES 2:8

Quem tenta enganar a Deus inevitavelmente se engana. Não permita que seu filho brinque com Deus, tentando enganá-Lo, como se Ele não fosse onisciente (conhecedor de tudo). A história de Jonas ilustra a tolice de tentar se esconder de um Deus sempre presente e ciente de tudo que se faz!

Como um representante de Deus na vida do seu filho, não deixe as pequenas coisas passarem despercebidas. Tenha coragem de questionar, mesmo sem acusar, atitudes ou ações suspeitas. Se o filho aprender a enganá-lo, tentará enganar a Deus. Da semente dessa atitude brotará um fruto podre.

Muitos pais temem "julgar" quando avaliam o comportamento de seu filho. Às vezes deixam de confrontá-lo, mesmo que suas ações sugiram que fez algo errado. Nessas horas os pais não devem partir para a acusação, mas para a conversação, para ajudá-lo a conhecer um Deus que sonda os corações.

# A mentira

*Por isso, deixando a mentira,
fale cada um a verdade com o seu próximo,
porque somos membros uns dos outros.*

EFÉSIOS 4:25

A mentira menospreza relacionamentos. Ela deve ser tratada com muita seriedade e como sinal de algo potencialmente errado na família, especialmente no caso de uma criança mais velha ou de um adolescente ou jovem. Nestes últimos casos a mentira reflete uma supervalorização do eu e o menosprezo do relacionamento.

A mentira existe porque a criança valoriza mais a si mesma do que os relacionamentos familiares; por isso a mentira dói tanto nos pais. É uma forma de autoproteção, um sintoma de um ídolo do coração, em que o "eu" reina, e não Jesus.

Se você suspeita que um de seus filhos está mentindo, mas ainda não tem certeza, ou não consegue identificar qual dos seus filhos está mentindo, não caia no erro de disciplinar a todos até que o mentiroso confesse (isso é pouco provável – ele já mentiu uma vez!). Ore a Deus, confiante de que, a seu tempo, irá revelar o pecado escondido.

No caso de disciplina para mentira, sugerimos que os pais dobrem a disciplina que teria acontecido pelo pecado original. Ou seja, a criança precisa aprender que a mentira para cobrir o pecado não vale a pena, pois o preço será o dobro.

# Buracos negros

*Remindo o tempo, porque os dias são maus.*
EFÉSIOS 5:16

*Os dias da nossa vida sobem a setenta anos ou, em avendo vigor, a oitenta [...]. Ensina-nos a contar os nossos dias, para que alcancemos coração sábio.*
SALMOS 90:10,12

Um buraco negro é um lugar no espaço com uma concentração de massa tão densa, com gravidade tão forte, que nem a luz consegue escapar. O "buraco" suga tudo para dentro.

Existem *buracos negros* em nossas vidas também – hábitos inúteis que sugam tempo e vida, oportunidades preciosas perdidas para todo o sempre. Seu filho precisa da orientação paterna para não criar hábitos fúteis e que só prejudicam seu desenvolvimento equilibrado. Os maiores vilões hoje podem ser: *videogames*, internet, salas de *chat*, celular e mais.

Não seja um legalista, proibindo tudo. Mas limite o tempo gasto em cada atividade e promova outras atividades mais saudáveis, como leitura, esportes, música, estudo, trabalho etc.

De modo positivo, ensine ao seu filho o valor que o tempo dos outros tem, através do exemplo de pontualidade em seus compromissos. Mostre como um atraso de 10 minutos numa reunião de 30 pessoas representa 5 horas perdidas (10 x 30 = 300/60 = 5). Não se torne escravo do tempo, mas faça do tempo seu servo.

# Pais cheios do Espírito

*E não vos embriagueis com vinho, no qual há
dissolução, mas enchei-vos do Espírito.*

EFÉSIOS 5:18

O verdadeiro reavivamento começa em casa. Assim ensina o apóstolo Paulo ao traçar as evidências principais da "plenitude do Espírito". Logo depois de dar essa ordem, Paulo parte para a maior descrição de tarefas de cada membro da família. Ou seja, a maior evidência de que alguém é controlado pelo Espírito de Deus manifesta-se nos relacionamentos familiares.

Não é tanto no "louvorzão", nas campanhas evangelísticas, nas grandes ofertas, nas marchas ou em outras exibições públicas que demonstramos a autenticidade da nossa fé. Acontece no lugar onde tiramos as máscaras com que nos apresentamos fora de casa e onde realmente somos o que somos – no lar. No lar nos sentimos mais à vontade e seguros, ao ponto de baixar a guarda e revelar quem somos de verdade.

Por isso, Deus quer nos transformar de dentro para fora, a partir do lar. Quando o Espírito de Deus nos *enche*, assume controle total sobre atitudes, ações e pensamentos. Por isso, clame a Deus por esse controle do Espírito, que usa a Palavra dele para conduzir a família conforme a sua vontade. Que sua fé seja *caseira* e genuína, não somente da boca para fora.

# Um cântico novo

*Falando entre vós com salmos, entoando e louvando de coração ao Senhor com hinos e cânticos espirituais.*

EFÉSIOS 5:19

*Habite, ricamente, em vós a palavra de Cristo; instruí-vos e aconselhai-vos mutuamente em toda a sabedoria, louvando a Deus, com salmos, e hinos, e cânticos espirituais...*

COLOSSENSES 3:16

Todos reconhecem o poder que a música tem para gravar mensagens fortes em nossa mente. Talvez por isso Deus sempre incluiu a música em seu plano como parte essencial da vida dos seus filhos.

A música caracteriza a vida do cristão e deve caracterizar nossas famílias também. A música sempre foi uma das principais maneiras pelas quais o povo de Deus memoriza a Palavra de Deus, especialmente em períodos e lugares sem acesso à Palavra escrita. Ela tem o potencial de ensinar a sã doutrina (ou não!) e faz com que sua mensagem ressoe em nosso coração a semana toda.

Cerque seu filho com boa música! Cante para ele desde o berço (ou até mesmo no ventre materno). Toque CDs em casa e no carro. Cantem juntos em viagens. Na medida do possível, matricule-o numa escola de música onde possa aprender a tocar um instrumento ou cantar para a glória do Senhor.

Procure músicas que ensinem a letra de versículos bíblicos, que seu filho memorizará sem muito esforço. Encha sua casa com *um cântico novo*!

# O guarda-chuva da obediência

*Filhos, obedecei a vossos pais no Senhor, pois isto é justo.*
*[...] para que te vá bem, e sejas de longa vida sobre a terra.*

EFÉSIOS 6:1,3

A obediência é como um guarda-chuva. Debaixo dele, há sossego, a chuva não entra, a roupa não molha; mas fora dele, a pessoa fica exposta aos elementos.

Os pais são autoridades designadas por Deus para conduzir o filho em segurança e paz, debaixo desse guarda-chuva chamado obediência. Embora o apelo do texto seja feito diretamente para os filhos, são os pais os principais responsáveis por ensinar o padrão *bíblico* de obediência – para o bem do próprio filho.

Enquanto o filho se mantém debaixo da proteção dessas autoridades, anda seguro. Mas fora, fica exposto a muitos perigos.

Comece cedo a ensinar a seu filho que a bênção divina só está debaixo, e não fora, desse guarda-chuva. Estruture consequências apropriadas para ensinar os perigos da desobediência. Mantenha o alto padrão de obediência imediata, inteira e interna que Deus requer. Não se reduza ao uso de técnicas indevidas para coagir obediência da boca para fora – como, por exemplo, chantagem, suborno, ameaças, gritaria, manipulação e repetição infinita de ordens.

# Honra a quem honra

*Honra a teu pai e a tua mãe [...],
para que te vá bem, e sejas de longa vida sobre a terra.*

EFÉSIOS 6:2,3

Quando Deus fala uma vez, devemos dar ouvidos. Se Ele diz a mesma coisa duas ou três vezes, merece um esforço redobrado de atenção. Mas quando Deus fala nove vezes em sua Palavra: *Honra a teu pai e a tua mãe*, só um tolo taparia seus ouvidos.

Pai e mãe, vocês estão numa posição privilegiada para ensinar seus filhos a honrá-los! Vocês serão os primeiros a perceber as atitudes sutis de desrespeito ou descaso nas palavras deles. Só vocês poderão cobrar essas atitudes de forma consistente e coerente. A bênção de Deus sobre a vida do seu filho está em jogo!

Como os filhos honram os pais? Há pelo menos sete maneiras destacadas nas Escrituras:

1. **Obediência**. Para crianças que ainda estão debaixo da autoridade dos pais, obediência imediata, inteira e interna é a maneira principal pela qual vão honrar os pais.
2. **Respeito**. Levítico 19:3 diz, *Cada um respeitará* [lit., "temerá"] *a sua mãe e o seu pai* [...]. *Eu sou o SENHOR, vosso Deus*.
3. **Vida digna**. Nada honra os pais mais que a vida digna do filho. Provérbios 27:11 diz, *Sê sábio, filho meu, e alegra o meu coração, para que eu saiba responder àqueles que me afrontam*.

4. **Pedidos por conselho.** Filhos que já saíram do lar honram seus pais quando procuram o conselho deles sobre as decisões da vida, inclusive sobre noivado e casamento, criação de filhos, finanças, compras e outras decisões.
5. **Gratidão.** Filhos de qualquer idade honram seus pais quando expressam gratidão a eles. Mesmo filhos que são de lares desestruturados podem achar motivos pelos quais agradecer aos pais. Gratidão é uma marca do coração controlado pela Palavra de Deus (Colossenses 3:16ss.) e pelo Espírito de Deus (Efésios 5:18-21). Gratidão pode ser expressa por postagens e mensagens de internet, telefone, carta, poesia, presentes, música e visitas.
6. **Retribuição.** 1Timóteo 5:3,4 diz, *Honra as viúvas verdadeiramente viúvas. Mas, se alguma viúva tem filhos ou netos, que estes aprendam primeiro a exercer piedade para com a própria casa e a recompensar a seus progenitores; pois isto é aceitável diante de Deus.*
7. **Proteção da dignidade dos pais.** Filhos que encontram prazer sádico ao expor o pecado dos pais, como se fosse algum tipo de vingança ou acerto de contas, ficam sujeitos à reprovação divina. Cam, o filho caçula de Noé, desonrou seu pai e sofreu uma maldição sobre a vida do seu próprio filho caçula. Mas Sem e Jafé cobriram a nudez do seu pai, honrando-o assim (Gênesis 9:22-29).

# Vida longa

*Honra a teu pai e a tua mãe (que é o primeiro mandamento com promessa), para que te vá bem, e sejas de longa vida sobre a terra.*

EFÉSIOS 6:2,3

Todo pai deseja uma vida boa para seus filhos, e o caminho mais curto para essa vida não passa necessariamente pela faculdade federal, pela carreira profissional ou pela fama ou riqueza, mas pela honra aos pais. Essa honra provê deleite para os pais e vida de qualidade para os filhos. Provérbios 29:17 ecoa esse princípio: *Corrige o teu filho, e te dará descanso, dará delícias à tua alma.*

Um ótimo ponto de partida para os pais que querem honra dos seus filhos é quando eles próprios exemplificam honra aos avós – os seus pais! O exemplo de cuidado e respeito na velhice deixará um bom modelo para os filhos imitarem.

Um coração grato honra os pais de formas criativas: presentes especiais; viagens; férias; tempo juntos, ligações; visitas. Filhos retribuem seus pais quando planejam aniversários, jantares e celebrações especiais e bodas de casamento.

Todos lucram quando os filhos honram os pais.

# Provocando à ira

*E vós, pais, não provoqueis vossos filhos à ira...*
EFÉSIOS 6:4a

Para evitar que os pais caiam para o lado do autoritarismo, Deus exige que não provoquem os filhos à ira. Os pais cristãos não podem tirar proveito da vantagem que têm como autoridades na vida do filho para provocá-lo.

Não faça comentários negativos sobre a aparência do filho, sua maneira de falar ou seu "jeitão"; não faça comparação com seus irmãos ou outras crianças. Não o discipline com ira, de forma injusta ou severa demais. Não o prive de tempo juntos, ou de oportunidades para questionar, com respeito, as suas decisões. Cuide para ser um exemplo naquilo que exige dele. Fazendo assim, tornará bem mais fácil a tarefa de educá-lo na admoestação e disciplina do Senhor.

A seguir, mais exemplos de como os pais podem provocar, direta e indiretamente, seus filhos:

**Provocação direta**
- Pegar no pé.
- Xingar, menosprezar o filho.
- Zombar ou ridicularizar o filho (partes do corpo; amizades; maneirismos; namoro etc.).
- Fazer "brincadeiras" nocivas.
- Envergonhar os filhos publicamente.

- Provocar confusão e brigas em momentos especiais da família (refeições, celebrações).

**Provocação indireta**
- Negligenciar, abandonar, não cuidar do filho.
- Tomar decisões precipitadas sobre o futuro do filho sem consultá-lo (veja o caso de Jefté e seu voto em Juízes 11:30-40).
- Nunca pedir perdão quando erra.
- Não investir tempo com o filho.
- Mimar o filho ao ponto de ele se sentir o centro do universo.
- Deixar de amar o próprio cônjuge.

# A disciplina e admoestação do Senhor

*E vós, pais, não provoqueis vossos filhos à ira,
mas criai-os na disciplina e na admoestação do Senhor.*

EFÉSIOS 6:4

Dois elementos são absolutamente fundamentais na criação de filhos e aparecem em quase todos os textos bíblicos que tratam do assunto: **ensino e exortação**, ou seja, "criação e correção", "discipulado e disciplina". Primeiro ensinamos, depois, quando houver falhas, corrigimos.

Não pode haver disciplina onde não houve ensino. Primeiro, precisamos colocar o filho no caminho em que deve andar; quando ele se desvia, usamos os meios graciosos ao nosso dispor para ajudá-lo a voltar. Mantenha os dois elementos sempre em mente e terá um filho equilibrado e educado.

É interessante notar que, quando Paulo exige obediência aos pais, ele usa o termo genérico para "pais" que significa "pai e mãe" (Efésios 6:1). Mas quando fala *pais*, [...] *criai-os*, ele usa um termo masculino que focaliza *o pai*. Deus encarrega o pai do bem-estar espiritual de toda a família. Mesmo que delegue boa parte do dia a dia à mãe, quem dará a primeira resposta a Deus pela criação dos filhos é o pai. Homens, sejam mais que provedores do sustento da sua família; sejam pais de verdade.

# Medo do escuro

*Não andeis ansiosos de coisa alguma; em tudo, porém, sejam conhecidas, diante de Deus, as vossas petições, pela oração e pela súplica, com ações de graças. E a paz de Deus, que excede todo o entendimento, guardará o vosso coração e a vossa mente em Cristo Jesus.*

FILIPENSES 4:6,7

Medo e ansiedade representam uma indústria multibilionária. Alguns calculam que 25% dos remédios receitados nos EUA são para os chamados transtornos de ansiedade. Hoje, mais e mais crianças estão sujeitas a síndromes de pânico, depressão e, tragicamente, ao suicídio.

O medo e a ansiedade são emoções legítimas, mas que podem assumir proporções irracionais. A Palavra de Deus oferece múltiplos conselhos para lidar com eles, mas um em particular acima dos demais, que é uma poderosa ferramenta nas mãos dos pais que querem combater a ansiedade do filho: a oração.

O que fazer quando seu filho tem medo – do escuro, do fantasma debaixo da cama, do ladrão, do trovão, do *bullying* na escola? A resposta correta é: ore com ele! Quando ele corre para seu quarto chorando, ore com ele. Quando ele não quer mais ir para a escola, ore com ele. Quando ele acha que há um monstro no armário, ore com ele!

Essa receita não custa caro, está disponível para todos e oferece um resultado fora deste mundo: a paz de Deus, que guarda seu coração em Cristo Jesus.

# Pais intercessores

*Por esta razão, também nós [...] não cessamos de orar por vós e de pedir que transbordeis de pleno conhecimento da sua vontade, em toda a sabedoria e entendimento espiritual.*

COLOSSENSES 1:9

Assim como o apóstolo Paulo orava incessantemente pelos seus filhos espirituais, os pais precisam interceder pelos seus próprios filhos. É o que o patriarca Jó fazia *continuamente* (Jó 1:5). É o que os pais que são chamados a pastorear o coração dos filhos também fazem. Como o pastor da igreja é chamado a se dedicar à oração e ao ministério da Palavra (Atos 6:4), os pais pastores intercedem pelos filhos e lhes ensinam a Palavra.

Um guia simples de oração com quatro pedidos que começam com a letra **C** pode servir de lembrança para os pais:

- Ore pela *conversão* genuína dos seus filhos.
- Ore pelo desenvolvimento de um *caráter* cristocêntrico.
- Ore pelo futuro *casamento* (se for a vontade de Deus que se casem).
- Ore pela sua *carreira profissional* (que sejam cristãos *de tempo integral*).

De tudo que você faz como pai ou mãe, não deixe de orar por seus filhos!

# A habitação da Palavra

*Habite, ricamente, em vós a palavra de Cristo...*
COLOSSENSES 3:16

*Desejai ardentemente, como crianças recém-nascidas, o genuíno leite espiritual, para que, por ele, vos seja dado crescimento para salvação.*
1PEDRO 2:2

Um bebê que não tem fome ou sede está doente. Da mesma maneira, o filho de Deus que não sente o desejo de se alimentar na Palavra tem sérios problemas em sua saúde espiritual.

Uma das disciplinas mais importantes na vida de todo filho de Deus é a prática de um tempo diário na Palavra de Deus. Devemos estar *na* Palavra, para que a Palavra fique *em nós*. "A Palavra vai nos afastar do pecado, ou o pecado vai nos afastar da Palavra" (Dwight L. Moody).

Ensine ao seu filho, desde cedo, o hábito de ter uma "hora silenciosa" – um tempo de leitura da Bíblia e oração. Há muitas ferramentas disponíveis para ajudá-lo. A Organização Palavra da Vida e a APEC (Aliança Pró Evangelização das Crianças) produzem muito material no Brasil que é excelente para crianças de todas as idades.

No início, o pai ou a mãe deve ajudar o filho, talvez usando uma Bíblia para crianças, lendo uma história e fazendo uma oração. Com o tempo, a repetição tornará essa prática um hábito essencial na vida da criança.

# Pais irritados, filhos desanimados

*Pais, não irriteis os vossos filhos,
para que não fiquem desanimados.*

COLOSSENSES 3:21

Entendemos que toda correção tem o potencial de irritar nosso filho. Mas os pais devem fazer o possível para evitar que sejam provocados desnecessariamente.

Irritações podem ser de dois tipos: as que provocam para o bem ou para o mal. Por exemplo, Hebreus 10:24 fala de uma "santa provocação" em que consideramos uns aos outros para nos "provocarmos" ou *estimularmos ao amor e às boas obras*.

Mas irritações que provocam podem ser bem negativas, empurrando o filho para atitudes e comportamentos errados. Brigas familiares entre marido e esposa têm esse efeito na vida dos filhos. Pais que fazem críticas constantes, sem elogiar, e que não dão amor incondicional terão filhos que fazem o mesmo.

A essência da ordem é muito mais do que não frustrar a criança. Pais irritam seus filhos quando confundem autoridade com autoritarismo. *Autoridade* vira *autoritarismo* quando os pais abusam da posição que têm para **exigir o que não exemplificam e disciplinar o que não ensinaram**. Os resultados se manifestam na vida do filho, que pode traçar alguns dos seguintes sintomas:

- Perder motivação e iniciativa.
- Ter medo de se arriscar.
- Viver com o temor do fracasso.
- Desonrar os pais quando não estão por perto.
- Rebelar-se contra outras autoridades.

Algumas atitudes dos pais que irritam o filho são:

- Desconsiderar os sentimentos e as opiniões dele.
- Discipliná-lo arbitrária e indiscriminadamente.
- Tratá-lo com desdém.
- Ridicularizar ou fazer "gozação" dele.
- Não cumprir suas promessas.

# O "corpo mole"

*Tudo quanto fizerdes, fazei-o de todo o coração, como para o Senhor e não para homens.*
COLOSSENSES 3:23

*Vai ter com a formiga, ó preguiçoso, considera os seus caminhos e sê sábio. Não tendo ela chefe, nem oficial, nem comandante, no estio, prepara o seu pão, na sega, ajunta o seu mantimento.*
PROVÉRBIOS 6:6-8

Deus não aceita o corpo mole ou trabalho feito de qualquer jeito. Ele é um grande Rei e tudo para Ele tem que ser o melhor. Nosso trabalho, mesmo insignificante como pode parecer, tem valor eterno quando feito para Ele e não somente para homens.

Por isso os pais precisam vigiar não somente *o que* os filhos fazem nas tarefas escolares e de casa, mas também *como* realizam seus trabalhos. Importa que façam *seu* melhor, não *o* melhor.

Verifique que seu filho trabalhe tão bem sendo ou não supervisionado. Assim como a formiga na ilustração de Provérbios, o filho que trabalha para a glória do Senhor faz bem o seu serviço com ou sem supervisão.

Não permita que seu filho relaxe em suas responsabilidades no lar, em suas tarefas de casa, muito menos em suas lições da escola bíblica dominical ou compromissos no voluntariado da igreja. Incentive-o a trabalhar, não para homens, mas para o Senhor.

# "Obrigado!"

*Em tudo, dai graças, porque esta é a vontade de Deus em Cristo Jesus para convosco.*

1TESSALONICENSES 5:18

*Dando sempre graças por tudo a nosso Deus e Pai, em nome de nosso Senhor Jesus Cristo.*

EFÉSIOS 5:20

Existem tribos indígenas que não têm nenhuma palavra para dizer "obrigado". Fica difícil para os tradutores encontrar termos adequados para expressar o sentimento de gratidão. Alguns pais enfrentam o mesmo problema, porque já tentaram convencer seu filho de 2 anos a dizer "obrigado" para os avós, sem sucesso.

Seu filho sabe dizer "muito obrigado"? Esse hábito precisa ser cultivado pelos pais nas refeições, em que a família agradece a Deus pela comida que Ele providencia. Deve ser desenvolvido sempre que alguém nos oferece uma bala, um sorvete, nos dá um presente ou nos faz qualquer outro favor.

A timidez não serve como desculpa para a ingratidão. Se seu filho pequeno se recusar a agradecer, não faça um escândalo, mesmo que você passe uma certa vergonha na hora; peça desculpas e explique que essa é uma área em que ainda estão trabalhando. Trabalhe com seu filho quando chegar em casa, criando situações simuladas em que ele precisará olhar em seus olhos e dizer "obrigado".

# A missão de mãe

*Todavia, [a mulher] será preservada através de sua missão de mãe, se ela permanecer em fé, e amor, e santificação, com bom senso.*

1 TIMÓTEO 2:15

O testemunho unânime das Escrituras é que a mulher que teme a Deus acaba sendo uma bênção em todas as esferas da vida, que começam no lar, mas que se estendem até a comunidade. Ela faz bem a todos ao seu redor (veja Provérbios 31:10-31)! Focaliza sua energia e talentos no contexto do lar, mas é impossível que não influencie pessoas em âmbitos cada vez maiores. Tudo indica que essa preocupação com o bom andamento do seu lar é a oportunidade dada por Deus para ganhar credibilidade, experiência e autoridade para ministrar em esferas maiores.

Embora a Palavra de Deus responsabilize o homem pelo andamento da sua família (1Timóteo 3:4,5; Tito 1:6; Efésios 6:4; Colossenses 3:21; Salmos 127, 128), diversos textos destacam o ministério da mulher na vida de seus filhos e, implicitamente, na vida de outras crianças (Gênesis 3:16a; Provérbios 31:10-31; 2Timóteo 1:5; 3:14-17).

O texto-chave que destaca esse investimento é 1Timóteo 2:15, que centraliza o ministério da mulher NO LAR. Elas serão "salvas", ou seja, preservadas do que parece ser um papel de menos destaque na igreja, através do cumprimento fiel da sua *missão de mãe* ou, literalmente, pela criação de filhos.

A condição que fecha a cláusula, *SE ela permanecer em fé, e amor, e santificação, com bom senso*, pode se referir às mães, aos filhos ou a ambos, mas parece mais natural entender que as mães estão em vista; elas serão "salvas" (resgatadas da insignificância) SE continuarem perseverantes na piedade, o que terá seu reflexo claro na educação dos filhos.

Mãe, você tem permitido que outras prioridades desviem sua atenção da principal prioridade que tem, à luz da Palavra de Deus?

# O pai pastor

*É necessário, portanto, que o bispo [...] governe bem a própria casa, criando os filhos sob disciplina, com todo o respeito (pois, se alguém não sabe governar a própria casa, como cuidará da igreja de Deus?)*

1Timóteo 3:2,4,5

Um dos primeiros e principais testes para a liderança da igreja é o lar do líder. Sua família deve dar evidência de uma boa administração. Os pais à frente, presidindo o lar, não devem ser conduzidos para cá e para lá pela vontade dos filhos. Estes são disciplinados e mostram profundo respeito e carinho pelos pais.

Esse respeito não vem naturalmente para as crianças, pois elas têm estultícia no coração (Provérbios 22:15). Os pais que merecem respeito comandam o respeito dos filhos desde o berço e não aceitam nenhuma forma de menosprezo, bate-boca, atitudes rebeldes e insubordinação.

Os puritanos ensinavam que todo pai é pastor de uma pequena igreja: sua própria família. A maneira como cuidamos do pequeno rebanho em casa diz tudo sobre nossa qualificação para cuidar do rebanho maior, a família de Deus.

Algumas pessoas negligenciam o menor para cuidar do maior, invertendo a ordem bíblica. A família é o *seminário* estabelecido por Deus para treinar a liderança da sua igreja. Os pais que pastoreiam sua própria família ganham experiência e credibilidade para cuidar da família de Deus!

# Evangelismo no lar

> [O presbítero deve ser] *alguém* [...] *que tenha filhos crentes...*
> Tito 1:6

A nossa primeira e grande responsabilidade como pais é evangelizar nossos próprios filhos. Eles precisam reconhecer o estado pecaminoso e desesperado do seu coração. Precisam ver em Jesus Cristo a única esperança de vida eterna, baseada em sua morte e ressurreição. Precisam abraçá-Lo pessoalmente como seu único Salvador, arrependendo-se dos seus pecados e clamando a Ele por uma verdadeira conversão.

Todos os pais (não somente os líderes espirituais) devem trabalhar noite e dia para esse fim, orando para que Deus dê aos seus filhos o dom gratuito da vida eterna em Cristo Jesus.

Depois da conversão dos nossos filhos, nosso próximo alvo é discipulá-los. Tornar alguém um "discípulo" significa levá-lo a ser um seguidor genuíno de Cristo Jesus, alguém que permite que a vida de Jesus seja reproduzida nele.

*Discipular* nossos filhos implica dedicar tempo juntos (como Jesus fez com os doze): muito ensino, correção e experiência prática. Ninguém tem uma posição mais privilegiada para modelar a vida de Jesus para as crianças do que os próprios pais! E quem consegue discipular os filhos torna-se qualificado para ser um líder da família de Deus, discipulando outras pessoas que não tiveram esse privilégio no lar.

# Junto com os irmãos

*Consideremo-nos também uns aos outros,
para nos estimularmos ao amor
e às boas obras, não deixando de congregar-nos,
como é costume de alguns...*
HEBREUS 10:24,25 (tradução literal)

Alguns pais perguntam: "O que fazer quando nosso filho não quer mais frequentar a igreja? Devemos insistir nisso?" Normalmente a resposta é "Sim!"

Em circunstâncias normais, enquanto o filho está debaixo da autoridade (e do teto) dos pais, deve se submeter às exigências deles. Espera-se que os pais tenham desenvolvido o hábito, ao longo dos anos, de serem fiéis na assistência aos cultos.

Nossa presença junto com a família de Deus serve como forte empecilho contra a apostasia, conforme o livro de Hebreus. Mesmo um filho rebelde pode ser tocado pela poderosa Palavra de Deus se estiver no culto. Caso contrário, será muito mais difícil ele voltar ao Senhor. Congregamo-nos não somente para sermos desafiados, mas para *estudarmos* a vida dos nossos irmãos (significado da palavra "considerar") e encorajá-los também.

Ao mesmo tempo, não queremos criar um filho hipócrita, insistindo que participe em ministérios, viagens missionárias ou outras atividades quando talvez nem seja convertido ainda. Estar presente nos cultos não significa que precisa envolver-se no ministério.

# Culto doméstico

*Desejai ardentemente, como crianças recém-nascidas, o genuíno leite espiritual, para que, por ele, vos seja dado crescimento para salvação.*

1PEDRO 2:2

Quando alguns ouvem o termo "culto doméstico", pensam em uma liturgia de hinos gregorianos, a leitura de três capítulos de Levítico e longas orações por todos os missionários nos seis continentes. Mas "culto doméstico" nada mais é do que uma expressão "doméstica" da nossa adoração a Deus.

Como família, reconhecemos nossa necessidade absoluta, como crianças recém-nascidas, da Palavra do Senhor. Por isso, lemos a Palavra juntos, mesmo que sejam porções pequenas ou extraídas de bons livros devocionais voltados para a Bíblia.

Comece de modo simples, seja breve e permita muita participação. Sempre é melhor deixar as crianças com desejo de mais do que de menos. Procure um tempo em que toda a família possa participar, mas não deixe de praticar esse momento porque um ou outro membro talvez esteja ausente. Na medida do possível, o pai deve dirigir esse tempo, mas nada impede que outros membros da família tomem sua vez.

De vez em quando experimente atividades criativas que ajudam a inculcar a Palavra no coração da família. (O leitor pode consultar nosso livro *101 Ideias criativas para o culto doméstico*, para mais sugestões.)

Acima de tudo, coloque água na boca dos seus filhos para ouvir a Palavra de Deus e assim crescer espiritualmente.

# Dons espirituais

*Servi uns aos outros, cada um conforme o dom que recebeu [...].
Se alguém fala, fale de acordo com os oráculos de Deus;
se alguém serve, faça-o na força que Deus supre...*

1PEDRO 4:10,11

Os pais têm o privilégio de ajudar o filho a discernir seu dom espiritual (área de capacitação dada ao filho de Deus para serviço no corpo de Cristo). Não existe nenhum texto que nos *obrigue* a "descobrir" o dom. Mas há várias passagens que nos exortam a praticar nosso dom, levando à conclusão de que precisamos saber qual é o dom para poder exercitá-lo (veja Romanos 12:3-8).

A descoberta do(s) dom(ns) espiritual(ais) se faz pela prática de diversos ministérios; pelo testemunho de pessoas que foram abençoadas e/ou edificadas por sua instrumentalidade e pelo prazer que experimentamos na prática do mesmo.

Pedro identifica duas categorias gerais dos dons, e o pai sábio orienta seu filho sobre a área em que seu dom parece se encaixar. Existem dons de falar, que exigem uma capacidade verbal especial para transmitir a Palavra. Existem também dons de servir, que são menos visíveis porque ficam "atrás da cortina", usados em ministérios de apoio.

Mesmo que não consigam identificar o dom específico, crie oportunidades para seu filho experimentar diversas áreas de serviço. Isso é especialmente importante na adolescência. Um dos principais fatores por que adolescentes e jovens abandonam a igreja é porque acham que não há espaço para eles servirem.

# Perdão ou desculpas?

*Confessai, pois, os vossos pecados
uns aos outros
e orai uns pelos outros...*
TIAGO 5:16

A confissão faz parte de relacionamentos saudáveis. "Confessar" significa "dizer a mesma coisa" (que Deus diz sobre nosso pecado). Deus chama pecado de *pecado* – não deslize, erro, engano ou acidente. Fazer menos do que isto significa diluir a seriedade da ofensa.

Os pais devem ensinar seus filhos a distinguir entre perdão e desculpas. Deve-se pedir *perdão* por ofensas propositais, ou seja, pecados. Deve-se pedir *desculpas* por acidentes que causam prejuízos, mas sem intenção. Dizer "sinto muito" pode acompanhar, mas não substituir, o pedido de desculpas ou perdão. Reflete o sentimento de remorso do ofensor, que é válido, mas ainda não identifica exatamente por que motivo a pessoa se entristece.

Pedir desculpas significa reconhecer o deslize e pedir que qualquer possibilidade de culpa seja esquivada. Pedir perdão implica admitir intenção maligna; isso nos humilha, pois reconhecemos que temos culpa verdadeira. Pedir perdão faz parte do processo de santificação, pois o mero fato de ter que se humilhar diante da pessoa ofendida serve como estímulo para não repetir a experiência.

Em ambos os casos – desculpas e perdão – é necessária a restituição quando houver danos reais. Como sempre, o exemplo dos pais em pedir desculpas ou perdão, conforme a ocasião, falará mais alto do que o mero ensino.

# A maior alegria

*Não tenho maior alegria do que esta,
a de ouvir que meus filhos andam na verdade.*

3 JOÃO 4

O sentimento do apóstolo João ao pensar em seus filhos na fé ecoa o desejo de todo pai cristão. Nossa maior alegria e o alvo dos nossos muitos esforços na criação dos nossos filhos é que andem (vivam) na verdade do Senhor.

Longe de criar pequenos robôs, ansiamos que continuem sua jornada de fé sem a insistência, disciplina e o cutucar dos pais. Que andem com suas próprias pernas, vivendo uma vida agradável ao Senhor.

Não existem garantias neste processo. Vivemos em um mundo que jaz no maligno. Nesta batalha espiritual as baixas são reais. Mostremos compaixão aos pais que, por qualquer motivo, têm filhos que se desviaram dos caminhos do Senhor.

Devemos lembrar que há pelo menos três fatores envolvidos no destino dos nossos filhos: a providência de Deus (por isso oramos); a responsabilidade dos pais (por isso trabalhamos arduamente para apontar aos filhos o caminho do Senhor); e a escolha dos filhos (por isso ensinamos e disciplinamos, fazendo de tudo para influenciar suas escolhas).

Que mais e mais pais tenham a alegria de ver seus filhos andando na verdade!

# Sobre os autores

O Pr. David Merkh é casado com Carol Sue desde 1982. O casal tem seis filhos: David Jr. (casado com Adriana), Michelle (casada com Benjamin), Juliana, Daniel (casado com Rachel), Stephen (casado com Hannah) e Keila. David e Carol têm vinte netos (dados atualizados no momento em que este livro foi reimpresso em junho de 2022).

Pr. David é bacharel pela Universidade de Cedarville (EUA, 1981), com mestrado em Teologia (Th.M.) no Dallas Theological Seminary (1986) e com doutorado em Ministérios (D.Min.) com ênfase em Ministério Familiar no mesmo seminário (2003). Desde 1987, reside no Brasil, onde tem ministrado como professor do Seminário Bíblico Palavra da Vida em Atibaia, SP.

Carol Sue Merkh fez Pedagogia na Universidade de Cedarville, nos EUA, e tem um ministério de aconselhamento e discipulado de moças e jovens esposas. Fez *homeschool* integral com seus filhos até o final dos estudos.

Juntos, David e Carol são autores de dezessete livros sobre vida familiar e ministério prático, todos pela Editora Hagnos. O casal ministra na Primeira Igreja Batista de Atibaia, onde David é pastor auxiliar de Exposição Bíblica. Também ministram em conferências e congressos para casais e famílias e têm desenvolvido um ministério para as famílias de missionários ao redor do mundo.

Seu *site*, www.palavraefamilia.org.br, recebe milhares de visitas a cada mês e hospeda mensagens da rádio BBN do programa *Palavra e Família*.

Sua opinião é importante para nós.
Por gentileza, envie-nos seus comentários pelo e-mail:

**editorial@hagnos.com.br**

Visite nosso site:

**www.hagnos.com.br**